Joan Palmer

Bassermann Handbuch

HUNDE

Rassen · Haltung
Pflege

Übersetzt von Helmut Roß

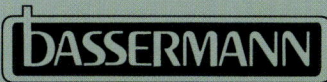

Ebenfalls bei Bassermann erschienen:
Bassermann-Handbuch Katzen (ISBN 3–8094–0206–0)
Bassermann-Handbuch Hunde (ISBN 3–8094–0207–9)

ISBN 3 8094 0208 7

© der deutschen Ausgabe 1995/1996 by Bassermann'sche Verlagsbuchhandlung, 65527 Niedernhausen/Ts.
© der englischen Originalausgabe 1990 by Quarto Publishing Inc., London
Originaltitel: Horse Facts

Umschlaggestaltung: Adolf Bachmann, Reischach
Titelbild: Okapia/Erich Geduldig, Frankfurt/Main
Fotos: Anne Bazalik, Bridgeman Art Library, Kit Houghton, Bob Lang-
rish, Peter Newark's Military Pictures, Sally-Anne Thompson/Animal
Photography
Zeichnungen: Wayne Ford, John Francis, David Kemp, Janos Marffy, QED
Übersetzung: Hartmut Greiser, Elz
Fachliche Beratung: Karl Münz, Elz
Redaktion: René Zey und Anna Loll
Herstellung: Königsdorfer Verlagsbüro, Frechen

Satz: Königsdorfer Verlagsbüro, Frechen
Gesamtkonzeption: Bassermann'sche Verlagsbuchhandlung,
D–65527 Niedernhausen/Ts.

817 2635 44 53

INHALT

WANN ENTSTANDEN DIE HUNDE?

Zusammen mit dem Wolf, dem Fuchs und dem Schakal bildet der Hund die Familie der Hundeartigen (Canidae), eine der neun Familien der Ordnung Raubtiere (Carnivoren) innerhalb der Klasse der Säugetiere.

Die Evolution des Haushundes (Canis familiaris) reicht zurück zum Miacis, einem kleinen, wieselartigen, fleischfressenden Baumbewohner, der vor 50 Millionen Jahren in den Wäldern lebte. Ein Nachfahre des Miacis war Tomarctus, ein kleines, fuchsartiges Wesen, das etwa 35 Millionen Jahre später erschien und als Vorläufer von Wolf, Fuchs, Schakal und Hund angesehen wird. Als Tomarctus jedoch vor etwa einer Million Jahren in der Mitte des Pleistozäns ausstarb, hatten die Wölfe und Schakale bereits Fuß gefaßt.

WOLF IM SCHAFSPELZ

Die Wendung »Wolf im Schafspelz«, die der Volksmund gebraucht, hat durchaus ein Körnchen Wahrheit in sich, denn wegen zahlreicher Gemeinsamkeiten gilt der Wolf als der wahrscheinlichste Vorfahr des Hundes. Allerdings könnte auch der Schakal als Vorfahr in Frage kommen; der Fuchs hingegen kaum.

Interessant ist hierbei, daß sich Wolf und Hund erfolgreich paaren können (gelegentlich auch Hund und Schakal) und daß verwilderte Hunde ein wolfsähnliches Verhalten annehmen.

Viele der zahlreichen Verhaltensmuster, die unsere heutigen Haushunde vor allem gegenüber ihren Artgenossen zeigen, lassen sich auf das Verhalten des Wolfsrudels zurückführen.

Die Familie der Hundeartigen wird oft in die Gruppe der Hunde und Wölfe und die der Füchse und Schakale unterteilt. Beide haben vieles gemeinsam: Es sind Fleischfresser, und ihr Gebiß besteht aus 42 Zähnen. Sie haben vier oder fünf Zehen an den Vorder- und vier

Zur Gattung Canis gehören Wolf, Schakal und Fuchs, die bereits vor zehn Millionen Jahren Europa, Asien und Afrika bevölkerten. In Nordamerika erschienen sie vor etwa einer Million Jahren.

Der Schädel seines Vorläufers Tomarctus ähnelt dem des modernen Hundes.

Der dachsähnliche, flinke Tomarctus hatte ein rotes Fell und einen dichten Schwanz.

Die ersten Wölfe (Canis lupus), die vor etwa 500 000 Jahren lebten, gelten als Vorfahren der Hunde.

Miacis

Tomarctus

Links: Anubis, eine ägyptische Gottheit und Herrscher über die Toten, symbolisierte den Hund und den Schakal (hier eine Darstellung aus dem Pariser Louvre). Der mythische Sohn von Osiris, dem Beherrscher der Unterwelt, zeigt eine auffallende Ähnlichkeit mit dem Pharaonenhund. Diese Rasse veränderte sich in den letzten 5000 Jahren kaum.

Rechts: Der Goldschakal (Canis aureus) lebt in Rudeln und ist für sein durchdringendes Heulen bekannt. Er hat seinen Ursprung im tropischen Asien.

Zehen an den Hinterläufen. Sie sind Zehengänger, deren Krallen im Gegensatz zu denen der Katzen nicht einziehbar sind. Die Tragzeit beträgt 63 Tage. Die Welpen der recht großen Würfe sind zunächst blind. Das Leben in Rudeln und das Respektieren eines Rudelführers verkörpern eine wichtige Gemeinsamkeit. Dies erklärt auch, warum sich der Haushund seinem Halter bereitwillig unterordnet: dieser nämlich wurde zu einem ersatzweisen Rudelführer.

Die ältesten identifizierbaren Reste eines reinrassigen Hundes sind die des Saluki, einer Rasse, die nach der jemenitischen Stadt Saluk benannt wurde. Jüngere, auf das Jahr 7000 v. Chr. datierte Grabungsfunde aus der mesopotamischen Kultur der Sumerer zeigen in den Fels geritzte Darstellungen von Hunden mit einer großen Ähnlichkeit zum Saluki.

Der erste domestizierte Hund in der aufgezeichneten Geschichte ist der Pharaonenhund: Auf einer etwa 6000 Jahre alten kreisförmigen Scheibe findet sich die Darstellung von zwei Hunden, die einer Gazelle nachstellen. Der elegante, graziöse Pharaonenhund spielte im Alltag der altägyptischen Könige eine unverzichtbare Rolle.

ÄHNLICHKEIT MIT DEN VORFAHREN

Während einerseits von Hunden wie dem Saluki oder dem Pharaonenhund behauptet wird, sie seien die ältesten reinrassigen Hunde überhaupt, ist es ebenfalls von Interesse, jene Hunde zu entdecken, die ihren Vorfahren noch ähneln. Ihre Entwicklung wurde nicht nur durch das Klima bestimmt, sondern auch durch die Anforderungen ihrer neuen Freunde: der Menschen. Hierbei sollte man berücksichtigen, daß sich Wolf, Schakal und Hund unter bestimmten Bedingungen sogar vermischen können.

Fuchs   Wolf   Saluki

WER DOMESTIZIERTE DIE HUNDE?

Vielleicht war das damals so: Einige unserer prähistorischen Vorfahren bemerkten, daß sie von den Hunden nichts zu fürchten hatten, die sich auf der Suche nach Nahrung und Wärme ihrer Höhle oder Feuerstätte näherten; daher warfen sie ihnen Fleischabfälle hin. Worauf die Hunde zutraulicher wurden, da ihnen der Mensch offenbar wohlgesinnt war, bis sich ihr Zusammenleben allmählich verfestigte.

Im Laufe der Zeit erkannte der Mensch den Wert des Hundes als Wächter, Lasttier, Schlittenhund und Jagdgefährte und mag später auch die ersten, noch unbeholfenen Versuche unternommen haben, die von ihm am meisten geschätzten Wesenszüge und Fähigkeiten durch planvolle Zucht zu erhalten.

Hunde sind, wie wir gesehen haben, Nachfahren des Wolfes, und noch heute können wir uns das Ergebnis einiger früher Zuchtversuche vor Augen führen: Die Eskimohunde sind den nördlichen Wolfsrassen keineswegs unähnlich, da sie oftmals mit Wölfen ge-

HUNDEKNOCHEN

Israelische Archäologen stießen 1979 bei Ausgrabungen auf die Skelettreste eines Mannes und eines Welpen. Die Hand des Mannes ruhte auf dem Welpen. Gefunden wurde dieses Grab in einer 10000 Jahre alten Natufian-Siedlung!

Oben: Der Samojede verdankt seinen Namen dem sibirischen Volk der Samojeden oder Nenzen. Obwohl er vom Sibirischen Wildhund abstammt, zeigt er sich allen Menschen zugetan. Einige »Sammies« begleiteten den Polarforscher Nansen auf seine Expedition zum Nordpol. In seiner Heimat wird der Samojede zum Hüten der Rentiere eingesetzt.

Links: Dingos, die vom Menschen aufgezogen werden, folgen ab dem zweiten oder dritten Lebensjahr ihrem Instinkt und ziehen das Leben im Kreis der Artgenossen der menschlichen Obhut vor. Sie stammen von ostasiatischen Phu-Quoc-Hunden ab, die später von Seefahrern nach Australien gebracht wurden.

kreuzt wurden, damit ihre Größe und Zähigkeit erhalten blieb. Der Samojede ist ein Nachfahre des Sibirischen Wildhunds. Die relativ kleinen Hunde der nordamerikanischen Indianer stammen vermutlich vom Kojoten oder Präriewolf ab.

Von allen europäischen Hunden weist mit Sicherheit der Deutsche Schäferhund die größte Wolfähnlichkeit auf. Derartige Ähnlichkeiten lassen sich problemlos auf sämtlichen Kontinenten erkennen. Die indischen Pariahunde ähneln dem indischen Wolf. Die Hunde Afrikas, Asiens und einiger Teile Südosteuropas und auch der australische Dingo ähneln den dort heimischen Schakalen.

BESTER FREUND UNSERER VORFAHREN

Trotz der Freundschaft, die sich zwischen Mensch und Hund entwickelt hatte, wurde in der Frühzeit der Domestikation offenbar gar nicht oder kaum versucht, mehr als nur »nützliche« Rassen hervorzubringen. Die schriftlich überlieferte Geschichte des Haushunds beginnt mit einem Werk des griechischen Philosophen Xenophon (um 430 bis um 350 v. Chr.), das im wesentlichen von der Jagd und von Jagdhunden handelt. Über 1000 Jahre vergingen, bis 1685 in Nürnberg die erste Hundeenzyklopädie erschien: Cynographia Curiosa oder »Hundebeschreibung« von Christian Franz Paullini.

Wie sich die zunehmend auf gesellschaftliche Anforderungen und modische Belange zugeschnittene Rolle des Hundes zu wandeln begann, läßt sich anhand eines Briefes erahnen, der 1560 von dem Cambridger Gelehrten John Caius an den Schweizer Naturforscher Gesner gerichtet wurde. Über die englischen Hunderassen heißt es dort: »Auch kennen wir eine kleine Rasse von Hunden, die sonders als Spielzeug der reichen Edeldamen gezüchtet wird. Je kleiner, desto besser entsprechen sie ihrem Zwecke, nämlich an der Brust und in der Bettkammer getragen oder im Schoße gewiegt zu werden.«

Jagd- und Wachhunde waren noch vorherrschend, doch der Schoßhund hatte die Szene betreten.

EIN PAKT

Der Hund ist ein Geschöpf, das der Mensch niemals hat unterwerfen und mit dem er nie hat kämpfen müssen – zumindest sind keine entsprechenden Felszeichnungen überliefert. Das Bündnis mit dem Menschen ist der Hund aus freien Stücken eingegangen, und so bildete sich durch Vertrauen eine Partnerschaft heraus.

»VOLKSZÄHLUNG«

Die Gesamtzahl der Haushunde wird auf weltweit 150 Millionen geschätzt. Die Spitzenposition nimmt Amerika mit ungefähr 40 Millionen Hunden ein. In Deutschland leben über vier Millionen Hunde.

DIE ÄLTESTEN RASSEN

• *Als ältester reinrassiger Hund Großbritanniens gilt der Cardigan Welsh Corgi. Er geht auf Hunde zurück, die 1200 v. Chr. durch die Kelten vom Schwarzen Meer nach Wales gebracht wurden.*

• *Der älteste reinrassige Hund Amerikas ist der Amerikanische Foxhound. Er läßt sich bis 1650 zurückverfolgen, als sich ein Engländer namens Robert Brooke mit seiner Foxhoundmeute in Maryland niederließ. Diese kreuzte er mit anderen, aus England, Irland und Frankreich importierten Schlägen. So entwickelte sich der Amerikanische Foxhound.*

WAREN HUNDE IMMER SCHON POPULÄR?

Seit eh und je gibt es Hundefreunde und Hundehasser. Auch die in jüngerer Vergangenheit eingetretene Empörung der britischen Öffentlichkeit angesichts einer beabsichtigten Registrierung der Hunde ist nicht neu, denn bereits 1796 gab es einen Gesetzentwurf über die Einführung der Hundesteuer in England – fünf Shillings für »Außenhunde« und drei Shilling für »Innenhunde«. Urheber war ein gewisser George T. Clark, dem aus lauter Dankbarkeit Dutzende toter Hunde – in Frühstückskörben als »Wildbret« serviert – zugestellt wurden.

Die historische Gesamtschau zeigt jedoch, daß der Hund mehr verehrt als geschmäht wurde. Von den alten Ägyptern weiß man, daß sie ihre treuen Hunde an ihrer Seite bestatten ließen. Diese Praxis verfolgten auch die präkolumbischen Tolteken und später die Azteken, die ihre Hunde bei Begräbnissen opferten, im Glauben, daß diese sie in eine bessere Welt führen würden.

Wie man weiß, spielte der Hund in vielen asiatischen Religionen eine wichtige Rolle. Obwohl er bei den Moslems als von Allah verstoßen und unrein gilt, erfährt der leichtfüßige Saluki eine ebensolche Wertschätzung wie das Arabische Rennpferd.

Hindus glauben, daß ein Mensch, der einen Hund schlecht behandelt, als Hund wiedergeboren wird. Oft war es die Furcht vor dem Unbekannten, die den Menschen zu einem unvernünftigen Verhalten gegenüber dem Tier veranlaßte. Hierin liegen die Wurzeln des Totemismus (die Identifizierung einer Menschen- mit einer Tierfamilie) und des Glaubens an die Seelenwanderung.

Die Bedeutung von Hüte- und Wachhunden wurde schon vor fast 3000 Jahren in den Lehren des persischen Propheten Zarathustra betont. In seinen Schriften, die im Osten weite Verbreitung fanden, heißt es:

STATUSSYMBOLE

• *Reichtum und Snobismus spielten bei der Hundehaltung schon immer eine Rolle. Zu den Zeiten König Richards I. von England mußte jeder, der einen Greyhound hielt (sofern er nicht jährlich zehn Pfund an Abgaben oder Erbpacht oder 300 Pfund als Freisasse abwarf), damit rechnen, vor den Waldausschuß geladen zu werden. Dieser tagte einmal jährlich, um festzustellen, wessen Greyhound im Wald gesichtet worden war.*

• *Im Mittelalter gab es in England nicht weniger als 69 Königliche Forste, 800 Parks und 13 Wildreservate. Oft war der Kommentar zu hören, man brauche nur das nächstgelegene Schußfeld aufzusuchen, wenn man dem König von England zu begegnen wünsche.*

• *Dem gemeinen Volk war allein die Haltung von Wachhunden und kleinen Hunden gestattet, die nicht in der Lage waren, Hochwild zu stellen und die Vergnügungen der Reichen zu stören. Große Hunde wurden systematisch und auf grausame Weise gelähmt.*

• *Noch heute gibt es in der Ortschaft Lyndhurst in der Grafschaft Hampshire ein Maß in Form eines Steigbügels. Nur Hunde, die durch ihn hindurchpaßten, durften sich in den Wäldern frei bewegen.*

Links: Im Osten wurde der Hund von den Moslems verdammt, da er angeblich den Leichnam des Propheten Mohammed verschlang. Doch auch in Europa war es um das Ansehen des Hundes nicht immer gut bestellt, wie das entsprechende Schimpfwort beweist.

Oben: Der Saluki ist ein überaus leichtfüßiger Hund, der mit Arabischen Rennpferden Schritt zu halten vermag. Im arabischen Raum wird er auch heute noch bei der Gazellenjagd eingesetzt, andernorts nur mehr als Begleithund von schlanker Eleganz.

HUND UND HIMMEL

Selbst in der Astrologie ist der Hund eine feste Größe. Als »Hundstage« bezeichnet man jene Hitzeperiode zwischen Ende Juli und Ende August, während der die Sonne in der Nähe des Hundssterns Sirius auf- und untergeht. Der Aberglaube, daß Sirius einen großen Einfluß auf Hunde ausübe, findet sich in der griechischen Literatur bereits im 8. Jahrhundert v. Chr. beim Dichter Hesiod.

»Wenn diese meine beiden Hunde, der hütende wie der wachende, am Hause eines meiner treuen Gewährsleute vorbeigehen, so laßt niemals zu, daß sie vom Hause ferngehalten werden, denn jedes Haus kann nur für diese meine beiden Hunde bestehen, den hütenden und den wachenden.«

Hunde wurden von den Anhängern des Mithras, der stets von seinem Hund begleitet und unterstützt wurde, sogar verehrt. Der Mithraskult, der eine Zeitlang auch im Römischen Reich Anhänger fand, breitete sich von Indien bis nach Spanien und von Ägypten bis in das südliche Schottland aus.

Noch heute gibt es eine ordensähnliche Gemeinschaft, die den Hund verehrt: die Brüderschaft der Essener. Die Essener glauben daran, daß es im himmlischen Königreich verschiedene Sphären des Tierreichs gibt, von denen wenigstens eine zur Sphäre des Wissens hinaufreicht.

Sie glauben ferner, daß die Tiere in diesem Königreich über ein Sprachvermögen verfügen, das sie absichtlich aufgeben, wenn sie durch die Pforten des Tierkreises in die Erdensphäre übertreten. Hunde gelten ihnen als sündenfreie Geschöpfe, die zur Erde entsandt wurden, um die Menschen zu prüfen.

SELTENE UND UNGEWÖHNLICHE HUNDE

Als seltenster Hund gilt zur Zeit wohl der Thaltan-Bärenhund, der einst von den Thaltan-Indianern des westlichen Kanada bei der Jagd auf Bären, jedoch auch gegen Luchs und Stachelschwein eingesetzt wurde. Angeblich transportierten die Indianer diese ungefähr 13 Kilogramm schweren Hunde in Fellrucksäcken, um sie für die Auseinandersetzung mit ihrer anvisierten Jagdbeute zu schonen. Aufgabe des Bärenhundes war es, sein Opfer zu stellen und so lange zu umkreisen, bis es von seinem Herrn erlegt werden konnte. Heute dürften von dieser Rasse weniger als eine Handvoll Tiere existieren, so daß sie leider akut vom Aussterben bedroht ist. Dieses Schicksal stand vor nicht allzulanger Zeit auch dem Shar-Pei und dem Chinesischen Schopfhund bevor; beide sind jedoch inzwischen vor allem auf britischen Ausstellungen eine recht gewohnte Erscheinung.

DER PODENCO

Da nicht unbedingt auch morgen rar sein muß, was heute nur selten anzutreffen ist, darf man darauf hoffen, daß auch dem Podenco Portuges eine freundlichere Zukunft beschieden sein wird. Der Podenco ist au-

Der Kleine Podenco Portuges hat meist ein rehfarbenes Fell, das aber auch gelblich, braun, dunkelgrau oder schwärzlich sein kann, mit oder ohne weiße Flecken.

AUF EIS

Der Broholmer ist eine Rasse, die lange nur in ihrer dänischen Heimat anerkannt wurde. Nachdem man angenommen hatte, die Rasse sei in den 60er Jahren ausgestorben, entdeckte man im Dezember 1974 im Haus eines Apothekers im finnischen Helsinki einen entsprechenden Hund. Das Königliche Tiermedizinische Kollegium richtete für »Bjoern« eine Samenbank ein in der Hoffnung, doch noch eine passende Hündin zu finden. Bjoern starb im Januar 1975 und blieb bis heute ohne Nachkommen.

IN LUFTIGEN HÖHEN

Der Lundehund vertritt eine Rasse, die jahrhundertelang nur auf zwei Inseln in Nordnorwegen vertreten war. Im Gegensatz zu anderen Hunden mit vier und möglicherweise einem zurückgebildeten fünften hat der Lundehund fünf und einen verkümmerten sechsten Zeh. Außerdem besitzt er sieben oder acht anstatt der bei kleinen Hunden üblichen fünf Zehenballen. Dank seines merkwürdigen »Schuhwerks« ist der Lundehund in der Lage, Felskliffe zu erklettern, um einen Papageientaucher aus dem Nest zu holen.

HÖFISCHE LIEBLINGE

Durch den Tagebuchschreiber Samuel Pepys ist bezeugt, daß König Karl II. mehr Zeit auf das Spiel mit seinen Hunden im Council Chamber als auf Staatsgeschäfte verwandte. Als der fanatischste Hundeliebhaber aller Zeiten gilt indes Heinrich III. von Frankreich (1551–1589). Laut Guiness Book soll er Hunde gesammelt haben wie andere Leute Briefmarken. Wenn ihn ein Hund interessierte, der aber nicht zum Verkauf stand, soll er sich nichts dabei gedacht haben, sich ihn anderweitig besorgen zu lassen. Er nannte mindestens 2000 Hunde sein

eigen, die in seinen Palästen verteilt waren. Wenn er residierte, hatte er nie weniger als 100 Hunde (meist wohl Schoßhunde) in Tätschelreichweite. Auch spätere Mitglieder des britischen Königshauses sind als Hundeliebhaber bekannt. Caesar, der treue Foxterrier Edwards VII., folgte dem Trauerzug seines verstorbenen Herrn, und Slipper, ein Cairn Terrier, den Edward VIII. seiner späteren Gemahlin vermachte, nahm breiten Raum in ihren Liebesbriefen ein. Von Elizabeth II. existiert kaum ein Foto, auf dem sie nicht Welsh Corgis um sich hat.

Der Caõ de Agua ist ein sehr kraftvolles Tier. Den Zehenzwischenraum nehmen behaarte »Schwimmhäute« ein.

Fellfarben sind: Schwarz, Weiß, diverse Brauntöne oder Schwarz oder Braun kombiniert mit Weiß.

nischen Seehäfen oft beobachten, wie er die Netze der anlandenden Fischer bewachte und ausbüchsende Meerestiere auffischte und schwimmend zurückbrachte. Unter den kurzhaarigen, lockigen und langhaarigen Varietäten sind besonders die letztgenannten Hunde auffallend, wenn sie in einer der eleganten Standardpudelschur ähnelnden Löwenschur präsentiert werden.

LÖWCHEN

Löwchen, in ihrer französischen Heimat als »kleine Löwenhunde« geführt und vor gut 20 Jahren nahezu ausgestorben, sind heute beliebte Ausstellungstiere – wenn auch noch keine alltägliche Erscheinung. Da die Hunde die Lieblinge der Herzogin von Alba waren, nimmt man an, daß es sich bei dem auf ihrem von Francisco Goya (1746–1828) verewigten Portrait um einen solchen Hund handelt. Völlig unstreitig ist die Zuordnung indessen bei einem herrlichen Gemälde von Florent-Richard De Lamarre (entstanden zwischen 1630 und 1718), das die damals wie heute auffällige Löwenschur dieses ansehnlichen Mitglieds der Bichonfamilie zeigt.

ßerhalb seiner Heimat Portugal, wo er Kaninchen, Hasen und auch größeres Wild jagt, kaum bekannt. Die Rasse ist mit drei Größenvarietäten vertreten – als *Grande* mit einer Größe von 56 bis 68 cm (zurückgehender Bestand), als *Pequeno,* einem großen, glatthaarigen Chihuahua ähnelnd, und als mittelgroßes Exemplar. Der *Grande* ist dem Podenco Ibicenco nicht unähnlich.

CAO DE AGUA

Es gibt noch einen ungewöhnlichen, wenn auch nicht derart seltenen portugiesischen Hund, den Caõ de Agua. Früher konnte man in portugiesischen und spa-

WAS BEDEUTET REINRASSIG?

Ein Hund ist reinrassig, wenn seine Eltern der gleichen Rasse angehören und auch sie von Hunden dieser Rasse abstammen. Wie bereits erwähnt, dürfte der Mensch sehr früh versucht haben, die bewunderten und erwünschten Wesensmerkmale seiner vierbeinigen Begleiter durch gezielte Verpaarung fortzuschreiben. Experimentiert wurde mit Größe, Gewicht, Felltyp, Farbmustern, Gestalt von Kopf und Schädel und Haltung der Rute. So konnte der angestrebte Typus innerhalb weniger Generationen herausgezüchtet werden.

VERBESSERUNG DER RASSEN

Die Eigenschaften ihrer Hunde wurden von den damaligen Züchtern gewiß ebenso diskutiert, wie dies heute der Fall ist. Zwar sind uns zahlreiche Gemälde überliefert, auf denen Hunderassen dargestellt sind, die sich offenbar bis heute kaum verändert haben, doch ist es nahezu unmöglich, ihre Entwicklung genau zu verfolgen. Vereinsaktivitäten setzten nämlich erst 1873 mit der Gründung des Kennel Club in London ein. Der Kennel Club führte ein Registriersystem ein, das es gestattet, die Herkunft jedes reinrassigen Hundes zurückzuverfolgen. Außerdem wurde für jede anerkannte Rasse ein verbindlicher Standard aufgestellt.

Seitdem war man natürlich weiter bestrebt, die bestehenden Rassen zu verbessern und neue zu züchten. Insgesamt gibt es bemerkenswert wenige Neuzüchtungen, die ihre Existenz nicht anderen Rassen verdanken. Der Dobermann etwa geht stark auf den Rottweiler und den Manchester Terrier zurück, der kleine Langhaar-Chihuahua dagegen auf den wegen der Gestalt seiner Ohren so benannten Papillon (Schmetterlingshündchen).

MAXI UND MINI

• *Die größten Hunderassen sind: Deutsche Dogge, Irish Wolfhound, Bernhardiner, Mastiff, Barsoi und Anatolischer Karabash (Türkischer Hütehund). Alle diese Rassen können eine Schulterhöhe von 90 cm erreichen.*

• *Die kleinste Hunderasse ist der Chihuahua, dessen anerkanntes Gewicht 0,9 bis 2,75 kg beträgt. Das naturhistorische Museum von Mexico City besitzt jedoch das Skelett eines ausgewachsenen Chihuahuas, das es auf eine Gesamtlänge von nur 18 cm bringt. Ein Gewicht des im Jahr 1910 erworbenen Hundes ist nicht angegeben, doch man schätzt, daß er nicht mehr als ein Pfund auf die Waage gebracht haben dürfte.*

• *Als zweitkleinster Hund gilt der Yorkshire Terrier, der »offiziell« nicht mehr als 3,2 kg wiegen darf. Viele verwöhnte »Yorkies« können jedoch mit weit mehr Pfunden auftrumpfen.*

Der Greyhound ist ein Rassehund, der auf ein Ebenbild verweisen kann, das als Ritzzeichnung in einer ungefähr 6000 Jahre alten ägyptischen Grabstätte im Niltal gefunden wurde. Der Greyhound wird seit römischen Zeiten bei der Hatz eingesetzt. Die heutige Zucht erfolgt in separaten Linien für Ausstellung, Jagd und Laufwettbewerbe.

WAS SIND KREUZUNGEN?

Eine Kreuzung ist das Ergebnis der Paarung zweier reinrassiger Hunde unterschiedlicher Rassen, etwa von Pudel und Spaniel.

Manche Menschen bevorzugen derartige Hunde in der Annahme, vielleicht von den positiven Merkmalen beider Rassen profitieren zu können. Oft jedoch gibt es ziemliche Probleme, passende Hunde zu finden, da auf internationaler Ebene nur selten Kreuzungen gezüchtet werden.

Ein Mischling ist ein Hund, dessen beide Eltern aus einer unbestimmten Zahl verschiedener Rassen hervorgegangen sind.

AMMENMÄRCHEN

Es besteht die weitverbreitete Vorstellung, Mischlinge seien robuster als Rassehunde. In Wahrheit aber sind Mischlinge weder stärker noch schwächer als reinrassige Hunde.

Ohne Zweifel kann ein Mischlingshund ein ausgezeichnetes Haustier abgeben. Es besteht jedoch stets eine gewisse Unsicherheit, wie er sich in puncto Aussehen oder Temperament entwickeln wird.

Oben: Mischlinge gibt es in allen erdenklichen Größen und Formen. In dieses Exemplar könnte etwas Boxerblut eingeflossen sein. Weiße Boxer kommen gelegentlich vor, sind aber nicht auf Ausstellungen zugelassen.

Rechts: Mischlinge können eine starke Anziehungskraft ausüben. Allerdings benötigt man bei ihnen ein Quentchen Glück.

Links: Abhängig von den jeweils beteiligten Eltern, können Kreuzungen unerwartete Ergebnisse zeigen.

Rassehunde der gleichen Rasse ⇒ Rassehund

Rassehunde unterschiedlicher Rassen ⇒ Kreuzung

Kreuzung X + Kreuzung Y ⇒ Mischling

BEREDTE PFOTEN

Um zu erkennen, wie groß ein Mischlingswelpe einmal werden mag, genügt ein Blick auf seine Pfoten. Ein bereits als Welpe auf großem Fuß lebender Hund wird zu einem Riesen heranwachsen.

WAS IST EINE AHNENTAFEL?

Eine Ahnentafel ist ein Dokument, das dem Käufer eines reinrassigen Welpen bereits bei der Übergabe ausgehändigt werden sollte. In England erhält der Käufer außerdem ein Übertragungsformular, das ihm ermöglicht, den Welpen vom Namen des Verkäufers auf den des Käufers umschreiben und beim entsprechenden nationalen Zuchtverband registrieren zu lassen.

Die Ahnentafel, die wie das Übertragungsformular vom Züchter zu unterzeichnen ist, muß folgende Angaben enthalten: registrierter Name und Nummer des Welpen (dies muß nicht unbedingt der »Rufname« sein), Geburtsdatum sowie die registrierten Namen und Nummern seiner Eltern und der Vorfahren aus drei, besser noch fünf Generationen.

Die Ahnentafel ist ein wertvolles Dokument, das einer sorgfältigen Prüfung bedarf. Wenn die Eltern des Welpen nicht registriert sind und die Unterschrift des Züchters fehlt, wird der neue Eigentümer nicht in der Lage sein, die Umschreibung vornehmen zu lassen und den Hund auf Ausstellungen als Rassehund anzumelden oder seine Nachkommen als Rassehunde zu registrieren und zu verkaufen.

In England besteht folgende Regelung: Die meisten in der Ahnentafel aufgeführten Hundenamen tragen ein Präfix, etwa Merry Max *of Penfold* oder *Penfold* Merry Max.

Gegen eine geringe Gebühr haben die Züchter die Möglichkeit, eine solche Kennzeichnung bei ihrem jeweiligen Dachverband registrieren zu lassen. Wenn ein Hund vom Inhaber des Präfixes gezüchtet wurde, wird dieses Wort dem Namen des Hundes vorangestellt (Affix). Falls der Hund erworben wurde, wird das Präfix dem Namen angehängt (Suffix).

ERFOLGREICHE ZWINGER

Wer eine Hundeausstellung besucht und sich die für eine bestimmte Rasse vorliegenden Anmeldungen ansieht, kann anhand der Affixe die führenden Zwinger ermitteln.

Ahnentafeln werden in der Regel handschriftlich ausgestellt. Einträge mit roter Tinte verweisen auf eine hochwertige Ahnenreihe, denn nur die Namen von Champions werden auf diese Weise geehrt.

Die wichtigsten Körperpunkte des Hundes müssen jedem bekannt sein, der die von Verbänden aufgestellten Zuchtstandards verstehen will. Der Zuchtstandard gibt einen angestrebten Idealtyp wieder.

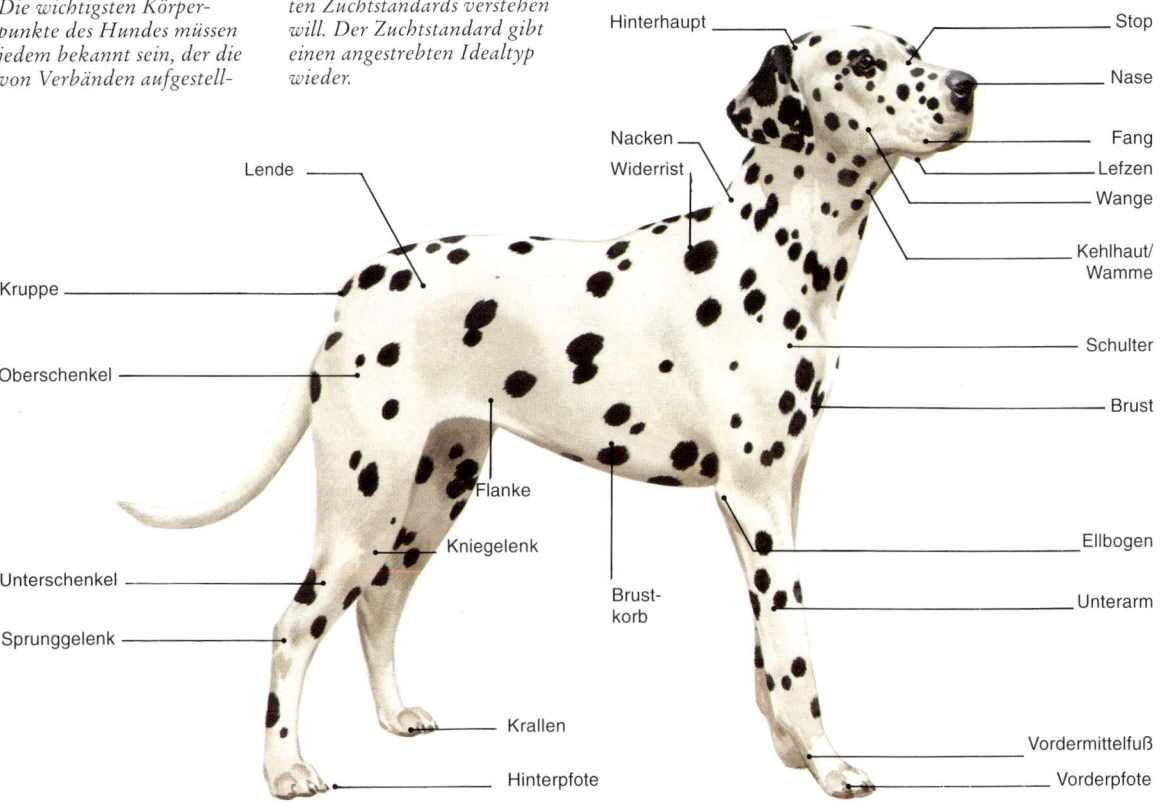

Hinterhaupt — Stop — Nase — Fang — Lefzen — Wange — Kehlhaut/ Wamme — Nacken — Widerrist — Schulter — Brust — Lende — Kruppe — Oberschenkel — Flanke — Kniegelenk — Ellbogen — Unterarm — Brustkorb — Unterschenkel — Sprunggelenk — Krallen — Hinterpfote — Vordermittelfuß — Vorderpfote

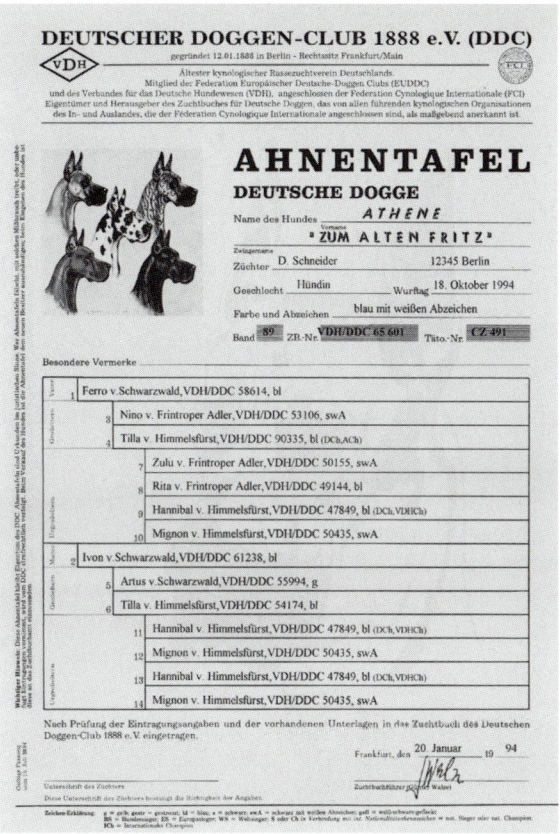

Zwischen dem amerikanischen und dem britischen Championatssystem bestehen einige Unterschiede. In Großbritannien wird ein Hund zum Champion, wenn er bei drei Ausscheidungen von drei verschiedenen Richtern drei Challenge Certificates (Anwartschaften) erhalten hat. In den USA hingegen wird der Championtitel durch Ansammlung von 15 Punkten erreicht. Pro Ausstellung kann ein Hund einen bis fünf Punkte erzielen, wobei jeweils nur an einen Rüden und eine Hündin Punkte vergeben werden.

Es sei an dieser Stelle nochmals eindringlich empfohlen, beim Erwerb eines Welpen genau auf die Korrektheit der Ahnentafel zu achten. Auch wenn der Welpe einen attraktiven und gesunden Vertreter seiner Rasse darstellt und Sie nicht beabsichtigen, ihn für Ausstellung oder Zucht zu verwenden, sollten Sie bedenken, daß ein Welpe mit unvollständiger Ahnentafel nicht so teuer sein darf wie seine korrekt dokumentierten Artgenossen.

Oben und rechts: Ahnentafeln einer Deutschen Dogge (Hündin »Athene«) und eines Dalmatiners (Hündin »Saada von der Schwarzen Au«) aus dem Jahr 1994.

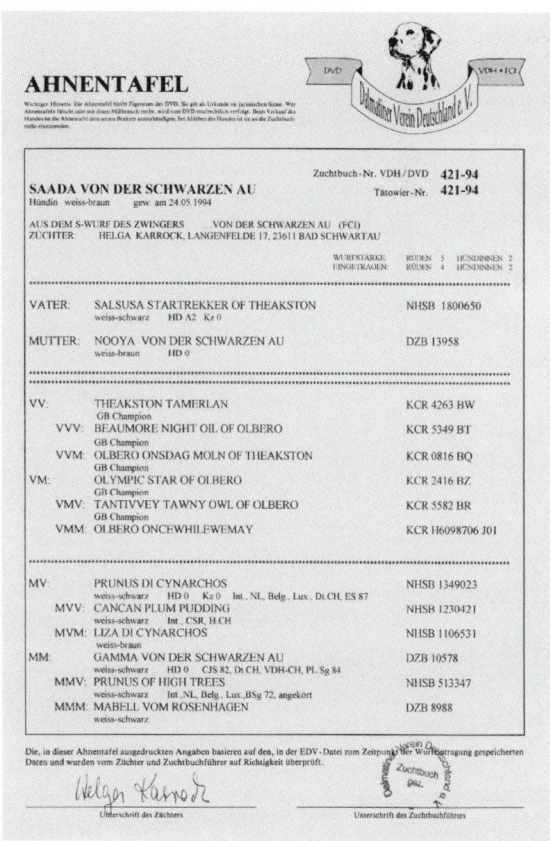

CHAMPION DER CHAMPIONS

U'Kwong King Solomon, ein Chow Chow aus der Zucht von Mrs. Joan Egerton aus Bramhall, Cheshire, in Nordengland, ist der britische Hund mit der größten Zahl (78!) von Challenge Certificates (unter Insidern »CCs« genannt).
»Solly« starb leider 1978 im Alter von zehn Jahren. Manche Aussteller wären bereits zufrieden, wenn ihre Hunde in ihrem Leben auch nur ein einziges Challenge Certificate erzielten.

RASSEHUND = AUSSTELLUNGSHUND?

Die Ahnentafel versichert Ihnen den Besitz eines reinrassigen Hundes. Sie ermöglicht Ihnen, sich beim nationalen Dachverband als Eigentümer registrieren zu lassen, und berechtigt Sie, den Hund als Rassehund auf Ausstellungen anzumelden. Falls Sie mit ihm züchten wollen, können Sie seine Nachkommen mit entsprechender Ahnentafel veräußern. Ein Rassehund ist jedoch nicht immer auch ein aussichtsreicher Kandidat für die Hundeschau.

Für jede Hunderasse gibt es verbindliche Standards, die ein mustergültiges Exemplar der jeweiligen Rasse beschreiben. Für Ausstellungen zugelassen sind nur solche Hunde, die diesen hohen Anforderungen genügen. Es gibt eine Unzahl von Rassehunden, die diesem Standard der Vollkommenheit nicht ganz entsprechen – wenn auch nur in einem winzigen Detail: Sie sind etwas zu groß oder zu klein geraten, sie haben das Gebiß eines Vor- oder Rückbeißers oder eine unerwünschte Fellzeichnung. In diesen Fällen lassen sie sich (wie die meisten Rassehunde) eher an Liebhaber denn an potentielle Aussteller verkaufen.

Den meisten Menschen geht es allein um einen attraktiven, treuen Hund ihrer Lieblingsrasse. Probleme können allerdings entstehen, wenn sie sich in der Annahme wähnen, ihr neu erworbener Liebling eigne sich für Ausstellungen. Die oft katastrophalen Ergebnisse werden dann meist wie folgt kommentiert: »Mein Hund besitzt aber doch einen Stammbaum! Falls er

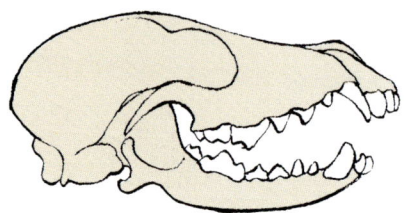

Gebiß des Rückbeißers

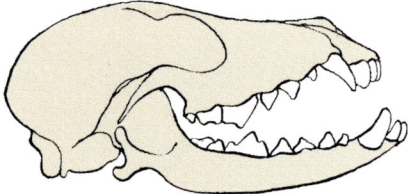

Gebiß des Vorbeißers

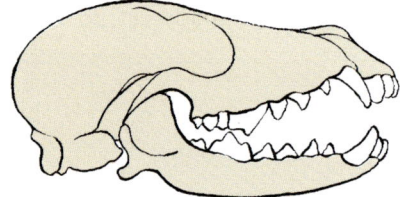

Normales oder Scherengebiß

Beim Rückbeißer stehen die Schneidezähne (Oberkiefer) vor denen des Unterkiefers.

Unten: Die korrekte Gestalt und Haltung der Rute ist je nach Rasse verschieden.

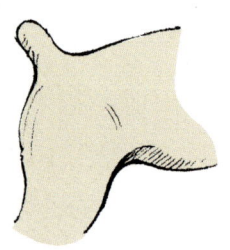

hoch ansetzend, aufgerichtet getragen (angeboren/kupiert)

Ringelrute, hoch ansetzend

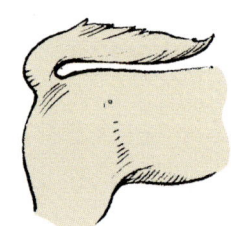

hoch ansetzend, entlang dem Rücken zurückgelegt

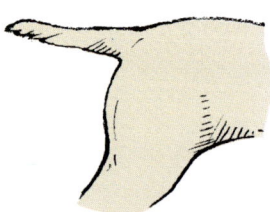

hoch ansetzend und horizontal getragen (Ruhezustand: niedrig)

Sichelrute, lang und hoch ansetzend (Ruhezustand: niedrig)

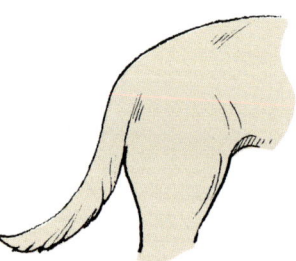

Säbelrute, in mittlerer Höhe ansetzend

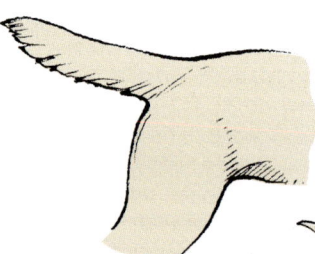

Otterrute mittlerer Länge, gerundet, ohne Fahne

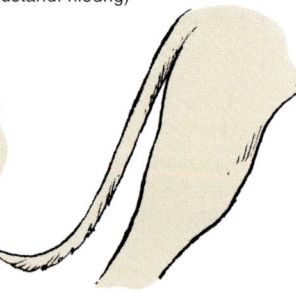

Hakenrute, niedrig ansetzend

Stehohren mit mittelhohem
Ansatz (gelegentlich kupiert)

Fledermausohren, hoch an-
setzend mit breiter Basis

Hängeohren (Behang)

Knopf- oder Kippohren

Rosenohren, hinten ansetzend

Überfallohren

sich nicht für Ausstellungen eignet, hat man mich be-
trogen, denn schließlich habe ich einiges für ihn berap-
pen müssen!« In Wahrheit jedoch sind sie fair behandelt worden, sofern sie einen gesunden Rassehund erworben haben. Von einem Ausstellungshund war im
Gespräch mit dem Züchter nicht die Rede gewesen.

Es ist nicht leicht, einen vielversprechenden Aus-
stellungskandidaten zu erhalten, zumal sich das wahre
Potential eines Hundes meist frühestens nach dem
sechsten Lebensmonat offenbart. Oft entscheiden sich
die Züchter dafür, einen aussichtsreichen Welpen zu
behalten, um ihn später für Ausstellungs- oder Zucht-
zwecke einzusetzen. Ein guter Hund ist schließlich ein
Werbeträger für den eigenen Zwinger!

Wer Ausstellungen beschicken will, muß den Züchter zunächst überzeugen, daß er ernsthaft interessiert
ist, sich mit der jeweiligen Rasse zu befassen (vielleicht
durch Mitgliedschaft im entsprechenden Zuchtverband), zahlreiche Ausstellungen als Zuschauer zu besuchen und alles Wissenswerte über die Haltung der
Rasse in Erfahrung zu bringen. Wer diesen Test bestanden hat und mit dem Erwerb seines ersten Aus-
stellungshundes belohnt wurde, wird entdecken, daß
für ihn ein vollkommen neues Leben beginnt.

*Links: Größe und Form der
Ohren sind in den einzelnen
Rassestandards ebenfalls vor-
gegeben.*

*Unten: Die Flecken des
Dalmatiners sollten an den
Extremitäten kleiner sein
als am Rumpf.*

DIE KRÖNUNG

*Crufts Dog Show ist die weltweit größte Hundeaus-
stellung, die mit Ausnahme der Jahre 1918 bis 1920
und 1940 bis 1947 seit 1886 alljährlich in London statt-
findet. Als die Schau im Royal Aquarium von West-
minster erstmals abgehalten wurde, war sie noch auf
Terrierrassen beschränkt, vier Jahre darauf kamen
jedoch weitere Rassen hinzu, unter ihnen auch Zwerghunde. Die 1936 in der Royal Agricultural Hall von
Islington veranstaltete Golden Jubilee Show erzielte
mit 10650 Anmeldungen und 4388 Hunden einen
neuen Rekord. Heute hingegen dürfen nur noch
Hunde angemeldet werden, die in Championship
Shows ausgezeichnet wurden. Crufts wird seit 1948
vom British Kennel Club ausgerichtet. Veranstal-
tungsort waren zunächst die Londoner Olympiahal-
len, dann das Earls Court Exhibition Centre. Zur
Feier des 100jährigen Bestehens zog man 1991 in das
National Exhibition Centre von Birmingham um.*

SIND HUNDE INTELLIGENT?

Diese fünf jungen Jack Russel Terrier rüsten sich durch spielerisches Tauziehen für spätere, ernstere Aktivitäten wie die Jagd auf Ratten und anderes Kleingetier.

Ob Hunde intelligent sind, darüber streiten sich die Gelehrten seit Jahrhunderten. Hunde sind zumindest nicht zu logischem Denken fähig, wie wir es kennen. Zwar sind sie nicht im eigentlichen Sinn vernunftbegabt, dafür aber kluge »Hauswölfe«, die sich auf ihr Assoziationsvermögen sowie Geruchssinn, Instinkt und Gedächtnis verlassen können. Außerdem zeigen sie einige für das Wolfsrudel typische Merkmale wie Wachtrieb, Treue und Verspieltheit sowie einen ausgeprägten Sinn für Humor.

Welpen, die in den ersten Lebenswochen nicht mit dem Menschen in Kontakt kamen, werden bekanntlich niemals richtig zutraulich. Ähnlich verhält es sich mit einem Zwingerhund, der zwar gut versorgt und bewegt, sonst aber kaum beachtet wird. Er dürfte kaum das Potential eines Hundes erreichen, der in den Haushalt integriert ist, regelmäßige Ansprache erfährt, mit dem gespielt wird und der Gelegenheit hat, seinen Erfahrungshorizont zu erweitern.

Die Erziehung muß so angelegt sein, daß sie vom Hund als erweitertes Spiel gedeutet wird. Lernen ist dabei weitgehend eine Sache der Assoziation. Zwar bestehen auch bei unseren Vierbeinern gewisse Intelligenzunterschiede, doch es dürfte kaum einen Hund geben, der nicht mit der Zeit auf Schlüsselwörter reagiert, wie sie in folgenden Sätzen verborgen sind: »Wollen wir *Gassi* gehen, Harro?«, »Jetzt aber ab ins *Bett*!«, »Möchtest du dein *Freßchen*?« »Hier ist *Mutti* (beispielsweise)!« oder »Wir gehen jetzt zur *Moni*«.

Diese Liste könnte man endlos weiterführen, und man sollte aus der Reaktion des Hundes schließen dürfen, daß er die Bedeutung des gesprochenen Wortes versteht. In Wahrheit verbindet er aber das Schlüsselwort (auch wenn es nicht zusammen mit seinem Namen fällt) lediglich mit der nachfolgenden Handlung.

TATEN SIND BESSER ALS WORTE

Eine solche Assoziation läßt sich nicht nur durch das gesprochenWort herstellen, denn Taten sind ebenso einflußreich wie Worte. Bereits die Tatsache, daß sein Herrchen oder Frauchen im Mantel den Raum betritt, kann den Hund veranlassen, in Erwartung eines Spaziergangs aus dem Körbchen zu springen. Viele Hunde stehen bereits empfangsbereit an der Wohnungstür, nachdem sie charakteristisches Schlüsselklappern oder Motorengeräusche wahrgenommen haben. Je mehr Zeit man mit seinem Hund verbringt, desto mehr lernt er auch. Und je mehr er lernt, desto reibungsloser gestaltet sich das Zusammenleben.

Wer mehrere Hunde gleichzeitig hält, verfügt über den Vorteil, ihr Sozialverhalten aus erster Hand studieren zu können.

RUDELFÜHRER

Es wurde bereits erläutert, wie der Mensch zum ersatzweisen Rudelführer wurde, dem sich unser »gezähmter Wolf« unterzuordnen hat. Wo mehrere Hunde gemeinsam gehalten werden, ist in der Regel der größte, kräftigste Rüde der Rudelführer. Er befehligt seine Truppen und nimmt die Parade ab, wenn es heißt, Gassi zu gehen. Er hütet die Futternäpfe, wobei er anderen Hunden beizeiten verbietet zu fressen, bevor er nicht die Erlaubnis gegeben hat. Dies kann so weit gehen, daß er einen ungeliebten Untertan solange anstarrt, bis sich das bedauernswerte Tier in eine Ecke verkriecht. Dies geschieht jedoch je nach Rasse und Temperament verschieden.

Die »Hackordnung« kann bis in die dritte Hierarchieebene reichen, wobei manche Hunde überhaupt keine Führungsgelüste hegen. Zwistigkeiten ergeben sich meist nur, wenn Sex, Futter oder Eifersucht ihren Tribut verlangen.

Versucht man, Hunde abzurichten, so sehen diese ihren Halter als eine Art Ersatzrudelführer an. Hunde fühlen sich in ihrer untergeordneten Situation sicher und wollen gern die Zuneigung ihres Anführers gewinnen.

STIMMUNGSBAROMETER

• *Einer der Gründe dafür, warum Hunde dem Menschen Wohlbehagen bescheren, liegt in ihrer ungeheuren Fähigkeit, menschliche Stimmungen zu erfassen. Wenn wir mutlos und verzagt sind, setzt sich der Hund regungslos an unsere Seite. Sind wir indessen frohgelaunt, quittiert der Hund dies mit begeistertem Herumtollen.*

• *Hunde verfügen über einen Zeitsinn. Wie sonst sollten sie wissen, daß sie sich bemerkbar machen müssen, wenn die planmäßige Fütterungszeit gekommen ist?*

• *Hunde sind in der Lage, Orte wiederzuerkennen, an denen sie sich einmal aufgehalten haben. Es kann sogar vorkommen, daß ein ruhig auf dem Rücksitz dösender Hund plötzlich aufspringt und recht unruhig wird, wenn der Wagen noch etwa einen Kilometer von einem früher vertrauten Ort entfernt ist.*

NÜTZLICHE HUNDE

Es ist nahezu unmöglich, all die nützlichen Aufgaben zu nennen, die von Hunden erfüllt werden können. Daher seien nur einige kurz erwähnt.

Such- und Rettungshunde sind speziell ausgebildet, um vermißte Personen oder Leichen geruchlich zu orten. Diese hochqualifizierten Hunde führen »außer Dienst« oftmals ein normales Haustierdasein. Bei den Hundeführern handelt es sich gewöhnlich um versierte Bergsteiger, die mit ihren in Notfällen wie Lawinenunglücken, Flugzeugabstürzen und Erdbeben zunehmend geschätzten Hunden bei jedem Wetter im Einsatz sind.

VIERBEINIGE STAATSDIENER

Zoll, Bundesgrenzschutz und Polizei arbeiten mit Hunden, die zur Bewachung, für Streifengänge und zur Aufspürung von Drogen und Sprengstoff eingesetzt werden. Bestimmte Rassen – insbesondere der Bloodhound mit seiner schier unglaublichen Spürnase – leisten bei der Verfolgung von Straftätern oder der Suche nach Vermißten gute Dienste.

HUNDE, DIE »SEHEN« UND »HÖREN«

Die wohl bekanntesten Gebrauchshunde sind die Blindenhunde. Es gibt aber auch spezielle Hunde für Hörgeschädigte. Ein solcher »hörender« Hund lernt, auf ausgewählte Geräusche zu reagieren – wie etwa ein Klopfen an der Tür, das Pfeifen eines Wasserkessels und das Läuten von Telefon oder Wecker. Derartige Geräusche würde der Hörgeschädigte nicht wahrnehmen, wenn er seinen Hund nicht hätte.

SPIELEND

Wichtig ist, daß der Hund seine Arbeit stets als Spiel auffaßt. Wenn ein Drogenspürhund ausgebildet wird, besteht seine Belohnung im Auffinden des Gesuchten. Der junge Hund, der Haschisch aufgespürt hat, darf mit seiner »Beute« herumspielen. Weitere Spiele bei der Arbeit kommen indes nicht in Frage.
Die Instinkte des Hundes werden auf das Aufspüren eines bestimmten Geruchs ausgerichtet: Der Hund nimmt eine Geruchsnote auf und analysiert sie auf das Vorhandensein der einen gewünschten Geruchskomponente, unabhängig von den sonstigen Bestandteilen. Jedes der in der Ausbildung benutzten »Geruchsbilder« enthält als gemeinsamen Nenner die Droge oder den Sprengstoff, die es aufzuspüren gilt.

Oben: Im Jahr 1916 ereignete es sich, daß ein Arzt mit einem blinden Patienten spazierenging, als er dringend fortgerufen wurde. Er ließ seinen Deutschen Schäferhund bei dem Patienten zurück. Bei seiner Rückkehr war er vom Verhalten des Hundes derart beeindruckt, daß er mit der Ausbildung von Blindenhunden begann.

Außen links: Spürhunde gehören bei vielen Behörden zum Dienstalltag.

Links: Gehörlosenhunde werden inzwischen auch für Menschen mit anderen Behinderungen ausgebildet.

Oben: Hunde, die in den Dienst bestimmter therapeutischer Einrichtungen treten sollen, müssen sich einem strengen Temperamentstest unterziehen. Die Liste reicht vom Ausstellungssieger bis zur Promenadenmischung.

DR. DOG

Eines der ruhmreichsten Kapitel in der Geschichte der Schlittenhunde wurde 1925 geschrieben. Im Januar jenes Jahres wurde in Nome (in Alaska) ein Fall von Diphterie entdeckt. Die Impfstoffvorräte reichten nicht, um eine Epidemie abzuwehren. So kämpften sich 22 Hundestaffeln mit dem Serum durch das rauhe Innere Alaskas und das Eis des Beringmeeres bis Nome durch. Zum Gedenken an diese Aktion steht noch heute im New Yorker Central Park die Statue von Balto, einem der Leithunde. Die Inschrift lautet: »Gewidmet dem unbezwinglichen Geist der Schlittenhundstaffeln, die im Winter 1925 einen Impfstoff von Nemana 600 Meilen weit über rauhes Eis, tückische Gewässer und durch arktische Schneestürme nach Nome, dem Ort der Heimsuchung, brachten. Ausdauer, Treue, Intelligenz.«

HUNDE ZUM TÄTSCHELN

Neben den Hunden, die dazu ausgebildet sind, die unterschiedlichsten Behinderungen zu erleichtern, gibt es auch Hunde, die mit ihren Besitzern Krankenhäuser und Heime besuchen, um das Leben jener aufzuhellen, die nicht mehr in der Lage sind, selbst einen Hund zu halten. Das bloße Streicheln eines Hundes kann nachweislich blutdrucksenkend wirken.

Da der therapeutische Wert eines Hundes zunehmend erkannt wird, werden immer mehr Hunde zu festen Bewohnern psychiatrischer und geriatrischer Einrichtungen.

In Großbritannien darf ein Hund auf öffentlichen Wegen nicht als Zugtier eingesetzt werden. In den USA hingegen ist es nicht ungewöhnlich, daß ein großer Hund die Einkäufe auf diese Weise nach Hause transportiert. In der Schweiz konnte man früher beobachten, daß Milchkarren von Berner Sennenhunden gezogen wurden. Der Rottweiler hatte als sogenannter Metzgerhund die gleiche Aufgabe.

Es gibt Hunde, die in Filmen, Werbespots und Liveveranstaltungen auftreten. Die bei weitem wichtigste Aufgabe des Hundes dürfte aber darin bestehen, den einsamen und alten Menschen Gesellschaft zu bieten – all jenen, die außer ihrem treuen Freund, dem Hund, keinen Ansprechpartner haben.

KÖNNEN HUNDE LIEBE ZEIGEN?

Der Spruch »Ein Hund beißt nie in die Hand, die ihn füttert« kann von Zynikern so aufgefaßt werden, daß der Hund sich aus Bequemlichkeit auf den Menschen verläßt und nur deshalb Zuneigung zeigt, um seine Versorgungsansprüche nicht zu gefährden. Doch es gibt viele wahre Geschichten, die die selbstlose Liebe von Hunden zu ihren Haltern belegen, um derartige Argumente weitgehend zu entkräften.

Hunde gedeihen am besten und sind am glücklichsten, wenn ihre Alltagsroutine nicht gestört wird. Wie der Mensch gewöhnt sich auch der Hund daran, in einem vertrauten Bett oder Körbchen zu schlafen und zu festen Zeiten gefüttert und ausgeführt zu werden. Eine Unterbrechung dieser Routine etwa durch längere Abwesenheit einer Bezugsperson oder bei Unterbringung in einer Hundepension kann zu einer Schwächung der Konstitution führen.

Dies kann so weit gehen, daß Hunde, die in enger Gemeinschaft mit ihrem Halter leben, oft auch das Bett mit ihm teilen und kaum einmal von seiner Seite weichen. Beim Ableben ihres Besitzers vergehen sie buchstäblich vor Trauer.

BOBBY AUS GREYFRIARS

Die (wahre) Geschichte von Bobby aus Greyfriars veranschaulicht die Liebe eines Hundes zu seinem Herrn sehr deutlich. Bobby war ein kleiner, struppiger Terrier – wahrscheinlich ein Skye Terrier – und der vielgeliebte Begleiter eines Farmers namens Gray.

Jeden Mittwoch begleitete Bobby seinen Herrn auf den Markt von Edinburgh. Gegen Mittag kehrten beide dann bei Traill's Tearooms ein, wo Gray sein Mittagessen einnahm und Bobby ein Rosinenbrötchen erhielt. Gray starb 1858 und fand auf dem Friedhof von Greyfriars seine letzte Ruhe.

Am dritten Tag nach dem Begräbnis und um die gewohnte Zeit erschien ein zerzaustes Häufchen Elend namens Bobby in dem Lokal, wo ihm Traill aus Mitleid sein gewohntes Rosinenbrötchen gab.

Die Anwesenden dachten, sie würden Bobby wohl nie mehr wiedersehen. Doch auch am nächsten und übernächsten Tag tauchte der Hund auf und trottete mit seinem Brötchen davon. Zunehmend neugieriger geworden, beschloß Traill, Bobby zu folgen. Zu seiner Überraschung schlug das Hündchen den Weg zum Friedhof von Greyfriars ein. Dort angekommen, ließ sich Bobby auf dem Grab seines Herrn nieder und nahm seine kärgliche Mahlzeit ein.

Bald stellte sich heraus, daß Gray keine Angehörigen hatte und keine Vorkehrungen für Bobbys Verbleib getroffen worden waren. Der Hund verbrachte seine Tage und Nächte auf dem Grab und unterbrach seine Wache nur, wenn ihn der Hunger dazu zwang.

Hunde genießen die Gesellschaft des Menschen und begleiten ihn oftmals bei seinen alltäglichen Verrichtungen.

KRAFTPAKETE

In den USA erfreuen sich Wettbewerbe einer großen Beliebtheit, bei denen die Hunde durch Ziehen schwerer Lasten ihre Kräfte messen. Austragungsort der alljährlich im Rahmen der Northwest Newfoundland Club Working Dog Trials stattfindenden Weltmeisterschaft ist der Ort Bothell (Washington). Es gibt dabei fünf Gewichtsklassen: unter 45 kg, 45 bis 59 kg, 59 bis 75 kg, 75 bis 86 kg und über 86 kg. Die größte, jemals von einem Hund bewegte Last betrug 2905 kg und wurde von einem 80 kg schweren Bernhardiner namens Ryettes Brandy Bear am 21. Juli 1978 in Bothell gezogen. Am gleichen Tag gelang es den anderen Teilnehmern – drei Neufundländern, zwei Alaskan Malamutes und einem weiteren Bernhardiner –, beim ersten Versuch das 25fache ihres eigenen Gewichts zu ziehen.

Hunde hatten eigentlich auf dem Friedhof keinen Zutritt, doch es wurde eine Ausnahmeregelung getroffen. Bobby, der sich nur bei feuchter Witterung in einen nahegelegenen Unterstand flüchtete – mitfühlende Freunde hatten ihn bereitgestellt – sträubte sich gegen alle Versuche, ihn nach Hause zu führen, und setzte seine Wache 14 Jahre lang bis zu seinem Tod 1872 fort. Bestattet wurde er auf dem gleichen Friedhof wie sein Herrchen.

Etliche Jahre später ließen die Bewohner Edinburghs eine kleine Bronzestatue von Bobby aufstellen, um an diesen treuen Vierbeiner zu erinnern, der auch nach dem Ableben seines Herrn nicht von dessen Seite weichen wollte.

Oben: Spielen bildet eine geeignete Möglichkeit, um Freundschaft und Loyalität zwischen Hund und Halter aufzubauen und das Gelernte zu vertiefen.

Links: Die meisten Hunde sind darauf erpicht, ihren Besitzern zu gefallen. Entsprechend abgerichtet, lassen sie sich für die vielfältigsten Aufgaben einsetzen.

WELCHER HUND UND WOHER?

Nachdem Sie sich entschieden haben, ob es ein Rassehund oder ein Mischling sein soll, müssen Sie sich darüber klar werden, ob Sie einen Rüden oder eine Hündin vorziehen.

Viele Leute entscheiden sich für eine Hündin in der
Annahme, sie sei leichter zu erziehen und aufgrund ih-
rer sanfteren, mütterlichen Natur besonders kinder-
tauglich. Andere wiederum schätzen eher die größere
Lebhaftigkeit des Rüden. Eine Frau, die sich für eine
Hündin entscheidet, mag später feststellen, daß sich
diese stärker an ihren Partner bindet, während der als
Begleiter des Mannes gedachte Rüde wiederum dessen
Partnerin bevorzugt.

DIE RICHTIGE WAHL TREFFEN

Weitere Gesichtspunkte für die Auswahl sind die Größe des Hundes und die Beschaffenheit des Fells. Ein
langes Fell bedarf intensiver Pflege, aber auch Kurzhaarrassen mit hellem Fell hinterlassen sichtbare Haar-
spuren auf entsprechenden Teppichen.

Wer sich einen Mischlingshund anschaffen möchte,
sollte sich zunächst im örtlichen Tierheim umsehen
oder ein lokales Anzeigenblatt studieren. Wenn es
nicht unbedingt ein Welpe sein muß, können Sie einem
älteren, notdürftig untergebrachten Hund einen großen Gefallen erweisen, indem Sie ihm ein neues Heim
bieten. Die von den örtlichen Tierschutzorganisatio-
nen gebotene Auswahl ist oft sehr groß.

SICHERHEITSNETZ

• *Speziell in England wurden von den entsprechenden
Zuchtverbänden Vereine zur Rettung von Rassehunden gegründet, um Rassehunde jeden Alters aufzunehmen, von denen sich ihre Besitzer aus unterschiedlichsten Gründen trennen mußten.*
• *Diese Vereine sind ein geeigneter Ansprechpartner
für all jene, die einen älteren Hund ihrer Lieblingsrasse suchen. Selbstverständlich werden nur seriöse An-
fragen berücksichtigt, zumal die Notlage der Hunde
nicht bedeuten kann, einen Rassehund quasi per Son-
derangebot zu erwerben.*

Bei der Auswahl eines Rassehundes ist zu berücksichtigen, daß die per Zeitungsanzeige oder in Tierhandlungen angebotenen Hunde zwar reinrassig sein
mögen, doch in der Regel kaum für den Ausstellungsring geeignet sind.

Nachdem Sie Ihre Wahl auf eine oder zwei Rassen
eingegrenzt haben, sollten Sie sich auf Verbandsebene
nach angesehenen Züchtern erkundigen. Der Weg
dorthin ist oft weit. Außerdem sollten Sie darauf gefaßt
sein, erst einmal auf eine Warteliste gesetzt zu werden.

Sehen Sie es eher als gutes Zeichen an, wenn Ihnen
der Züchter zahlreiche Fragen etwa nach dem Vorhandensein eines Gartens oder der Dauer Ihrer täglichen

*Der Charakter bildet sich
frühzeitig aus. Entscheiden
Sie sich stets für einen neu-
gierigen, selbstsicheren
Welpen. Aus dem ver-
ängstigten Welpen
wird leicht ein ner-
vöser Hund.*

Das Tierheim von Wood Green (England) zählt zu den modernsten in ganz Europa. Die persönlichen Daten jedes Schützlings sind im Computer gespeichert.

• *Vergewissern Sie sich, daß die ganze Familie wirklich einen Hund möchte.*

• *Seien Sie darauf gefaßt, daß sich in Großstädten meist nur Züchter kleinerer Rassen finden und Sie eventuell größere Entfernungen zurücklegen müssen.*

• *Lassen Sie sich die Mutter der Welpen zeigen, um einen Anhaltspunkt über das spätere Aussehen Ihres Welpen zu erhalten.*

• *Prüfen Sie, ob die Ahnentafel ordnungsgemäß ausgefüllt und vom Züchter unterzeichnet ist.*

• *Legen Sie sich keinen Hund zu, wenn sich tagsüber niemand um ihn kümmern kann.*

• *Wählen Sie keinen Vertreter einer Langhaarrasse, wenn Sie keine Zeit für die Fellpflege erübrigen können.*

• *Kaufen Sie sich keinen Afghanen, wenn Sie eigentlich einen kleinen Yorkshire Terrier zu erwerben beabsichtigten.*

Abwesenheit stellt, denn dies beweist, daß ihm das Wohlergehen seiner Welpen am Herzen liegt.

Falls Sie ernsthaft den Erwerb eines Rassehundes beabsichtigen, der dem Welpenalter bereits lange entwachsen und vielleicht gar fünf Jahre und älter ist, so erkundigen Sie sich beim nationalen Zuchtverband nach der Existenz eines Vereins zur Rettung von Rassehunden.

Dort finden Sie unter Umständen einen Hund der gewünschten Rasse, der aus den unterschiedlichsten Gründen – sei es als Scheidungsopfer oder durch den Tod seines Besitzers – ein neues Zuhause sucht.

Überstürzen Sie nichts, denn schließlich wird Sie Ihr Hund über viele schöne Jahre hinweg durch das Leben begleiten.

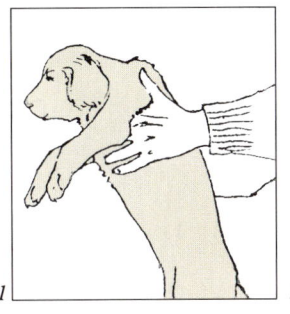

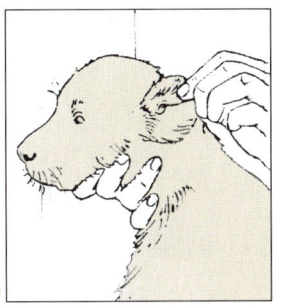

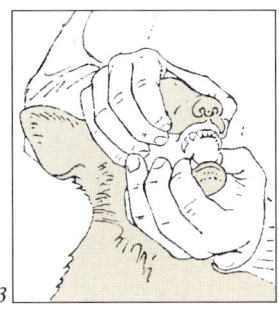

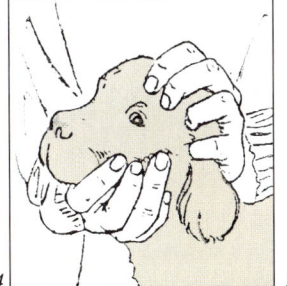

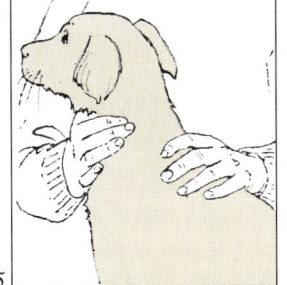

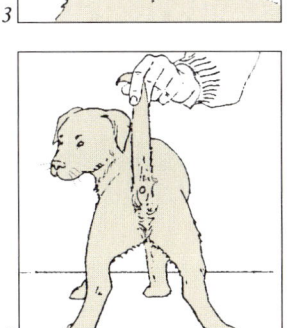

Vor dem Kauf ist der Gesundheitszustand des Welpen zu prüfen. 1. Den Welpen aufnehmen und darauf achten, ob er sich dagegen sträubt oder Zeichen des Schmerzes zeigt; der Körper sollte sich fest, aber entspannt anfühlen. 2. Das Außenohr anheben; der Gehörgang muß sauber und trocken sein. 3. Das Maul behutsam öffnen; Zunge und Zahnfleisch müssen rosa sein. 4. Die Augen müssen klar, hell und frei von Ausfluß sein. 5. Mit der Hand gegen den Strich durch das Fell fahren und auf etwaige Wundstellen und dunklen Flohkot achten. 6. Prüfen, ob die Afterregion verschmutzt ist (Durchfall).

ALLGEMEINE VORBEREITUNGEN

Vor dem Eintreffen des Welpen müssen verschiedene Anschaffungen erfolgen und Vorkehrungen getroffen werden. Falls Sie einen Garten besitzen, sollten Sie sicherstellen, daß er durchgehend umzäunt ist. Gartentor und Zaun dürfen keine Durchschlupfmöglichkeiten bieten. Der untere Zaunrand sollte bei der Anschaffung kleiner Rassen im Erdboden verankert sein.

Viele erfahrene Hundehalter, die im Besitz eines großen Gartens sind, teilen per Zaun oder Netz einen speziellen Abschnitt für ihre Lieblinge ab. Dies ist jedem ambitionierten Gärtner zu empfehlen, der langfristig an seinen Beeten Freude haben möchte. Terrassen und andere Steinflächen lassen sich mit Hilfe von Desinfektionslösungen reinhalten. Zur Beseitigung der Exkremente stehen Hygienesets zur Verfügung.

NÜTZLICHE ANSCHAFFUNGEN

In England sind käfigartige Innenzwinger mit herausnehmbarer Bodenschublade aus Kunststoff verbreitet. Sie bieten ausreichend Platz für die Schlafstatt (vorzugsweise aus Polyurethan, denn Weidengeflecht wäre rasch zerkaut), eine gepolsterte Synthetikunterlage, einen Trinknapf und diverse Spielzeuge. Die verbleiben-

LEINE: JA – GESCHIRR: NEIN

Welpen brauchen unterschiedlich lange, um sich mit einem Halsband und einer Leine anzufreunden. Ein Hundegeschirr bietet zwar den Vorteil einer verteilten Zugkraft, ist jedoch im allgemeinen nicht zu empfehlen, da es den natürlichen Bewegungsablauf des Tieres ziemlich beeinträchtigt.

de Grundfläche wird mit Zeitungspapier ausgelegt. Der Welpe kann in dieser »Hütte« schlafen, wenn Sie für wenige Stunden außer Haus müssen – womit zerkaute Pantoffeln und Möbelstücke der Vergangenheit angehören! Hier kommt nur ein warmer, zugfreier Standort in Frage. Außerdem wird ein Futternapf benötigt, eine weiche Bürste und ein Welpenhalsband mit Leine. Auf ein Hundegeschirr verzichten Sie bitte. Zugegeben, es ist damit einfacher, den Hund an die Leine zu gewöhnen, doch zugleich besteht die Gefahr, daß es seinen Bewegungsablauf verdirbt (siehe Seite 34 f.).

Erkundigen Sie sich beim Verkäufer nach den besonderen Ernährungsgewohnheiten Ihres Welpen; ein

Plastik»bett«

Plastik»bett«

gepolstertes »Bett«

Liegepolster

Porzellannapf

Metallnapf

Plastiknapf

Ziehring aus Gummi

Ball und Ring aus Gummi

Halsband und Leine aus Leder

Halsband und Leine für Welpen

Halsband und Leine aus Nylon

Steuermarke

Gliederkette

Oben: Die Unterbringung im Innenzwinger verhindert das Anknabbern von Möbeln und fördert die Reinlichkeit. Halten Sie Ihren Liebling jedoch nie allzulange unter Verschluß.

Links: Die Liste des erhältlichen Hundezubehörs ist unendlich. Einen Überblick über das bestehende Angebot bietet der Besuch einer Hundeausstellung, auf der Ihnen Profis mit Rat und Tat zur Seite stehen. Da ein Welpe rasch aus seinem Halsband herauswächst und oft manche Anschaffung in ihre Bestandteile zerlegt, sollten Sie während seiner Wachstumsperiode nicht zu viel Geld investieren.

BEHAGLICHE ZWINGER

Die meisten Hunde teilen Haus oder Wohnung mit ihrem Besitzer. Jagd- und Gebrauchshunde jedoch werden oft im Außenzwinger gehalten. Weniger Arbeit bedeutet dies allerdings nicht, denn auch diese Hunde müssen gefüttert, gepflegt und bewegt werden, und auch ihre Behausungen reinigen sich schließlich nicht von allein. Speziell bei kalter Witterung sollte für eine Heizung gesorgt sein; Wärmelampen und Raumheizer bilden zwei weitverbreitete Systeme.

Züchter wird Ihnen einen Ernährungsplan aushändigen. Auch wenn Sie abweichende Vorstellungen haben, sollten Sie in den ersten Tagen an der gewohnten Nahrung festhalten.

Vergewissern Sie sich auch, daß das Hundespielzeug aus festem, haltbarem Kunststoff ist (es dürfen keine giftigen Farben verwendet werden!) und nicht verschluckt werden kann. Ideal sind die althergebrachten Gummispielzeuge. Für leichtgewichtige Hunde empfiehlt sich die Anschaffung einer Tragebox; sie ist nützlich für Transporte zu Ausstellungen, zum Tierarzt oder bei Ferienaufenthalten und Autofahrten. Pappbehälter sind allenfalls eine Notlösung.

DIE RICHTIGE ERNÄHRUNG

Die Ernährungsbedürfnisse des Hundes unterscheiden sich nicht allzusehr von denen des Menschen. Hunde benötigen eine ausgewogene Nahrung aus Protein (Fleisch), Kohlenhydraten (Getreide) und Fett plus Mineralstoffen und Vitaminen. Fast alle Fleischsorten kommen in Frage, ausgenommen Leber, die wegen ihrer abführenden Wirkung maßvoll gereicht werden sollte.

Wasser ist unverzichtbar. Auch das Futter besteht zu einem unterschiedlich großen Teil aus Wasser. Bei Gehacktem beträgt der Wasseranteil etwa 70 Prozent.

Frischfleisch oder Fertignahrung? Es ist nicht lange her, daß gewissenhafte Hundehalter darauf bestanden, ihre Lieblinge mit frischem Fleisch zu füttern, und nur in Notfällen auf Fertignahrung zurückgriffen. Tatsächlich reichen Wasser, geeignetes Fleisch und Hundekuchen als Grundnahrung vollständig aus.

Heutzutage jedoch wird die Markenfertignahrung nach ernährungswissenschaftlichen Gesichtspunkten zusammengestellt und von den meisten Züchtern und Einzelhaltern verfüttert – einerseits zum Wohle des Hundes, andererseits aber auch aus Gründen der Bequemlichkeit.

Fertignahrung gibt es als Fleischkonserven (zu denen einige Hundekuchen hinzugefügt werden sollten), als halbtrockene Dosennahrung (die keine zusätzlichen Hundekuchen erfordert) oder als Trockenfutter (zu dem lediglich Wasser gereicht werden muß). Da Trockennahrung zu erhöhtem Durst führt, sollten Sie stets für einen ausreichend hohen Füllstand des Trinknapfs Ihres Hundes sorgen. Zahlreiche Hundebesitzer schwören darüber hinaus darauf, ihre Welpen in den

Hunde hüten ihr Futter wie den eigenen Augapfel. Ein aggressives Freßverhalten gegenüber dem Menschen ist jedoch nicht hinnehmbar.

ersten Wochen nach der Entwöhnung mit leicht gekochtem, magerem Rinderhack zu füttern. Inzwischen ist jedoch auch spezielles Dosenfutter für Welpen erhältlich, dessen Zusammensetzung ihnen einen guten Start in ihr Hundeleben ermöglicht.

Fütterungsplan für Welpen		
Alter	Tägliche Fütterungen	Ungefähre Fütterungszeit
Von der Entwöhnung bis zum Alter von 3 Monaten	4	morgens, mittags, nachmittags, abends (evtl. Nachttrunk)
3 bis 6 Monate	3	morgens, nachmittags, abends
6 bis 12 Monate	2	morgens, (spät)nachmittags
1 Jahr und älter (Hunde sind oft im Alter von 1 Jahr ausgewachsen)	1 bis 2	mittags und/oder spätnachmittags

Hinweis: Einmal gewählte Fütterungszeiten sind genau einzuhalten. Welpen erhalten anfangs zwei Milchmahlzeiten und zwei Mahlzeiten aus leicht gekochtem, magerem Rinderhack oder spezielles Dosenfutter plus Hundekuchen.

Futterbedarf des erwachsenen Hundes		
Die Mengenangaben basieren auf einem Doseninhalt von 380 g		
Zwerghund	z.B. Yorkshire Terrier	1/4 bis 1/2 Dose
Kleiner Hund	z.B. West Highland White Terrier	1/2 Dose
Mittelgroßer Hund	z.B. Cocker Spaniel	1 Dose
Großer Hund	z.B. Labrador Retriever	1 1/2 bis 2 Dosen
Sehr großer Hund	z.B. Deutsche Dogge	4 Dosen

Zu berücksichtigen ist, daß manche Hunde größere Futtermengen benötigen als andere, da sie mehr Energie verbrauchen. Erfragen Sie das korrekte Gewicht Ihres Hundes ggf. bei Ihrem Tierarzt, um Futterrationen angemessen dosieren zu können.

Hundefutter gibt es in allen erdenklichen Arten. Probieren Sie anfangs verschiedene Formen und Sorten aus, um herauszufinden, welches Futter sich für Ihren Hund am besten eignet.

FÜTTERUNGSTIPS

• Wer seinen Hund am späten Abend füttert, trägt selber Schuld, wenn am nächsten Morgen die Bescherung da ist.
• Ausgewachsene Hunde können wahlweise ein- oder zweimal am Tag gefüttert werden. Zwerghunden mit ihren entsprechend kleinen Mägen ist mit zwei oder gar drei kleineren täglichen Mahlzeiten besser gedient.
• Ein 4,5 kg schwerer Hund benötigt im Durchschnitt eine Futtermenge von 225 g täglich, ein etwa 11 kg wiegender Hund 565 g.
• Niemals Geflügelknochen an einen Hund verfüttern, da sie zu Verletzungen des Verdauungstrakts führen können.

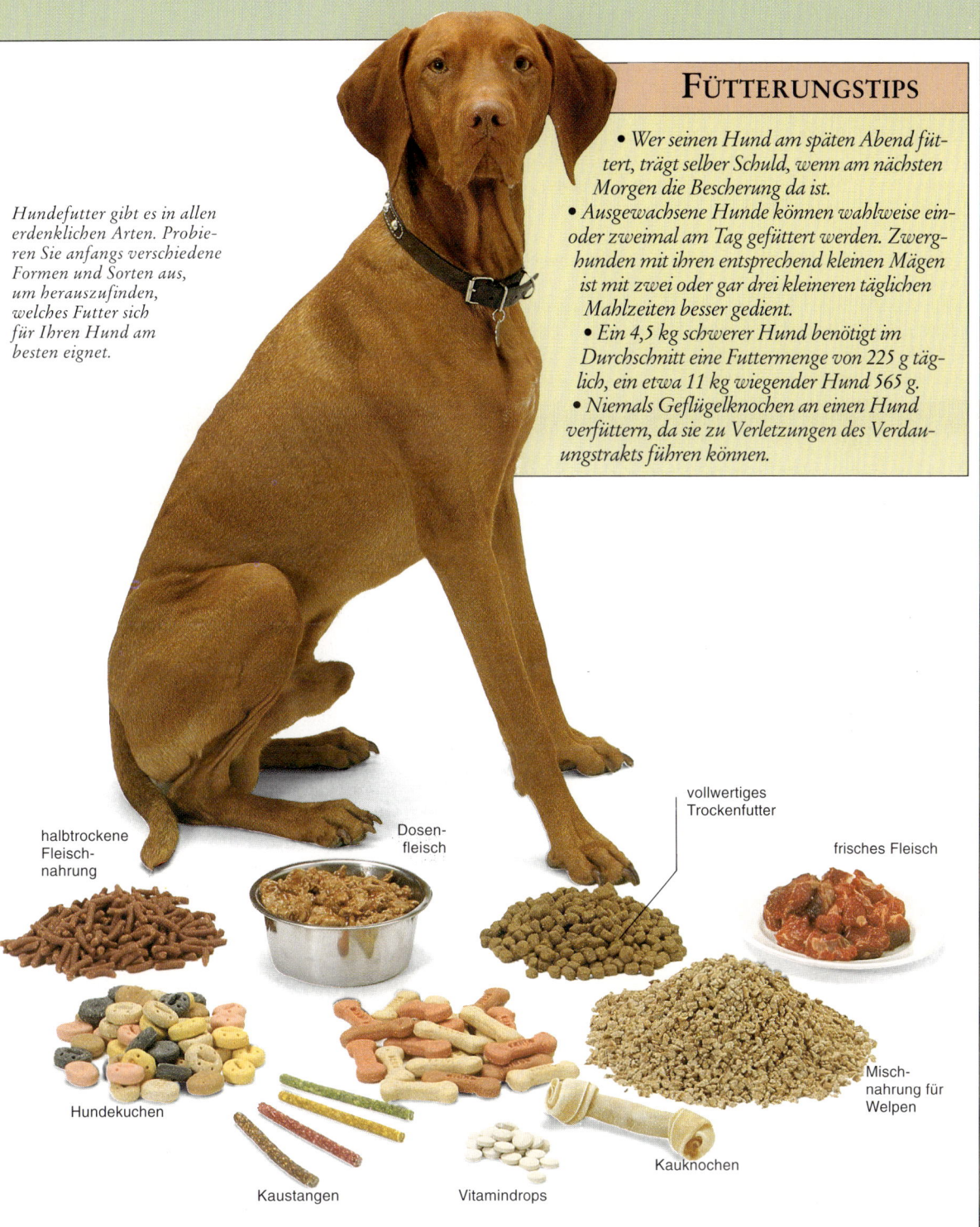

halbtrockene Fleischnahrung

Dosenfleisch

vollwertiges Trockenfutter

frisches Fleisch

Hundekuchen

Mischnahrung für Welpen

Kaustangen

Vitamindrops

Kauknochen

ERZIEHUNG ZUR STUBENREINHEIT

Es ist eher unwahrscheinlich, daß Sie einen bereits stubenreinen Welpen erhalten – sei es auch nur, daß der Züchter für diese erzieherische Maßnahme keine Zeit fand, da er gleich mehrere Würfe zu versorgen hatte.

Manche Welpen lassen sich innerhalb weniger Wochen zur Stubenreinheit erziehen, andere benötigen erheblich länger. Stubenreinheit erzielt man durch Geduld und Nachsicht und nicht dadurch, daß man den Welpen einschüchtert und seine Nase in den anstößigen Fleck reibt.

Da der Welpe bereits gelernt haben dürfte, sein Geschäft auf einer Zeitungsunterlage zu verrichten, empfiehlt es sich, hieran anzuknüpfen.

Erst ältere Hunde sind in der Lage, ihre Blase über einen Zeitraum von mehreren Stunden zu kontrollieren. Seien Sie also auf kleinere Mißgeschicke gefaßt.

ERZIEHUNGSTIPS

Verteilen Sie anfangs eine größere Menge Zeitungspapier auf dem Küchenboden. Sobald Sie beobachten, daß sich der Welpe hinkauern will, nehmen Sie ihn sanft, aber bestimmt auf, deuten auf das Papier und setzen ihn darauf. Fehlverhalten niemals mit Schlägen beantworten.

Sobald Ihr Welpe zu verstehen scheint, was von ihm verlangt wird, reduzieren Sie die Fläche auf ein bis zwei Zeitungsbögen in der Nähe einer nach draußen führenden Tür.

Hat der Welpe erst einmal verstanden, daß er sich zur Tür begeben muß, wenn er sich erleichtern will, so gehen Sie mit ihm hinaus (oder lassen ihn in den Garten) und loben ihn überschwenglich, wenn er das Gewünschte tut. Lassen Sie ihn jedoch nicht übermäßig lange in der Kälte stehen. Manche Hunde, wie auch

EINIGE GRUNDREGELN

• *Falls Sie den ganzen Tag außer Haus sein sollten, wäre es unfair, einen Hund zu halten – so sehr Sie ihn auch lieben mögen –, es sei denn, Sie verfügen über einen verläßlichen Helfer, der mit Ihrem Hund jeden Mittag Gassi geht.*
• *Einen Hund niemals schlagen. Um Mißfallen auszudrücken, reicht die menschliche Stimme. Sparen Sie nicht mit Lob, um richtiges Verhalten des Hundes zu belohnen, und tätscheln Sie ihn mit den Worten »guter Hund« oder ähnlichem.*

1. Sobald der Welpe Anstalten macht, sich zu erleichtern, müssen Sie ihn rasch auf die Zeitungsbögen stellen, die Sie zuvor auf dem Boden ausgebreitet haben.

2. Schon bald wird der Welpe die Zeitungen von allein aufsuchen, wenn er ein dringendes Bedürfnis hat. Seien Sie allerdings auf gelegentliche »Ausrutscher« gefaßt.

manche Menschen, benötigen einfach etwas länger, um zu begreifen, was von ihnen verlangt wird.

Selbstverständlich wird niemand wünschen, daß sein erwachsener Hund in Haus oder Wohnung sein Geschäft verrichtet. Die im Welpenalter erfolgte Erziehung kann bei kleinen Rassen enorme Vorteile bieten, falls Sie beim Verlassen der Wohnung ahnen, daß Sie eventuell etwas später nach Hause zurückkommen werden.

In diesem Fall legen Sie einfach einen Bogen Zeitungspapier in die Nähe der Tür. Der Hund weiß schon, wozu dies gut ist.

WIE LANGE DAS TIER ALLEINLASSEN?

Unerfahrene Hundehalter fragen oft, wie lange sie ihr Tier wohl unbeaufsichtigt alleinlassen können. Ein junger Hund sollte nach Möglichkeit nur kurz alleingelassen werden und ausreichend Zeit erhalten, Vertrauen in Ihre Rückkehr aufzubauen. Erwachsene Hunde sollten in der Lage sein, etwa fünf Stunden zu überbrücken.

Gelegentliches Überziehen dieser Frist ist hinnehmbar. Schmutzige, zerstörungswütige Kläffer sind meist einsame Hunde.

Nachdem Sie den Welpen in den Garten entlassen haben und ziemlich sicher sind, daß er sein Geschäft verrichtet *hat, sollten Sie die Tür öffnen, das Tier hineinlassen und es dann mit Worten ausgiebig loben.*

3. Reduzieren Sie die ausgelegte Fläche allmählich auf *ein bis zwei Bögen Zeitungspapier in Türnähe.*

4. Schon bald können Sie bei schönem Wetter die Tür zum Garten öffnen und den Wel- *pen aufmuntern, sich nach draußen zu begeben. Bald ist er dann stubenrein.*

ERZIEHUNG ZUM GEHORSAM

Ein umfassender Impfschutz ist die Vorbedingung für einen ersten Spaziergang mit dem Welpen. Dieser erste Gang nach draußen bietet Ihnen die ideale Gelegenheit, den Hund auf das »große Abenteuer« vorzubereiten, indem Sie ihn – was nicht einfach ist – an Halsband und Leine gewöhnen.

ANLEGEN DES HALSBANDS

Machen Sie den Hund zunächst damit vertraut, für kürzere Zeit ein – nicht zu straffes – Halsband zu tragen. Das Halsband sollte zwei Fingerbreit Spielraum haben, ohne daß Sie fürchten müßten, der Hund könne es abstreifen.

Nun bringen Sie die Leine an, lassen den Hund eine Zeitlang damit spielen, nehmen sie auf und halten sie am gestreckten Arm nach vorn.

Die Leine in der rechten Hand haltend und mit der linken ein Leckerchen anbietend, ziehen Sie den Hund nun sanft zu sich heran. Sobald der Welpe Ihr Vorhaben begriffen hat, beginnen Sie, langsam rückwärts zu gehen und die Distanz allmählich zu vergrößern.

Nach Abschluß dieser Übung und sobald sich der Welpe nicht länger gegen die Einengung durch Halsband und Leine sträubt, können Sie damit beginnen, ihn an Ihrer linken Seite zu führen.

Schränken Sie die Anzahl der Leckerchen, nicht aber die Ihrer lobenden Worte ein. Diese und auch andere Lektionen dürfen jedoch nicht übermäßig lange dauern und sollten stets mit aufmunternden Worten und Gesten enden.

GASSI GEHEN

Wenn Sie mit dem etwas älteren Welpen erstmals in verkehrsreicheren Zonen Gassi gehen, sollten Sie darauf achten, den Hund möglichst an der straßenabgewandten Seite zu führen. Um eine gute Kontrolle auszuüben, empfiehlt es sich, mit der gegenüberliegenden Hand die Schlaufe zu umgreifen und die quer über den Körper geführte Leine mit der anderen Hand abzustützen.

»SITZ« UND »BLEIB«

Jeder Hund, auch der gewöhnliche Hausgenosse, muß lernen, auf Kommandos wie z.B. »Sitz«, »Bleib« und »Komm« zu reagieren. Indem Sie Ihrem Hund das »Bleib«-Kommando beibringen, können Sie beispielsweise verhindern, daß er unkontrolliert eine Straße überquert und einen Unfall verursacht.

1

4

1. Beim Leinentraining lassen Sie den Hund beispielsweise an Ihrer linken Seite gehen. Halten Sie das Ende der Leine in der rechten Hand, und nehmen Sie den größten Teil der Restleine in die linke Hand. Geben Sie das auch in Zukunft benutzte Kommando (»los«), und gehen Sie los. Sobald der Hund in die falsche Richtung zieht, üben Sie mit der Linken einen kurzen Zug an der Leine aus; lockern Sie sofort, sobald die richtige Orientierung wieder hergestellt ist.

2. Es gibt mehrere Möglichkeiten, das »Sitz«-Kommando zu lehren. Hier eine der einfachsten: Während der Hund auf Ihrer linken Seite geht und Sie die Leine in der erhobenen rechten Hand halten, drücken Sie das Hinterteil des Hundes mit der linken Hand fest nach unten, wobei Sie mit entschlossener Stimme das Kommando »Sitz« geben.

3. Das »Bleib« ist gleichsam eine Erweiterung des »Sitz«. Veranlassen Sie den Hund zum »Sitz«. Stellen Sie sich vor ihn hin, sagen »Sitz« und darauf ein sehr bestimmtes »Bleib«. Falls der Hund Anstalten macht, sich zu rühren, ziehen Sie an der Leine und beginnen von vorn.

4. und 5. Hundeausbildung erfordert eine Engelsgeduld. Nachdem der Hund die Kommandos »Sitz« und »Bleib« gelernt hat, können Sie beginnen, das »Bleib«-Kommando zu verwenden, während Sie sich allmählich immer weiter entfernen.

6. Das »Komm« ist eine Erweiterung des beim Welpen vorgenommenen Leinentrainings, bei dem Sie den verstörten Welpen veranlaßten, zu Ihnen zu kommen.

Bringen Sie den Hund in die »Sitz/Bleib«-Position, und rufen Sie »Komm«. Falls er gehorcht, überhäufen Sie ihn mit Lob (= angenehme Erfahrung für den Hund).

UNBEDINGT BEACHTEN

• *Die Hundeerziehung sollte von Beginn an mit Halsband und Leine erfolgen.*

• *Ein Würgehalsband auf keinen Fall bei kleineren Hunderassen verwenden. Auch bei der Ausbildung größerer Hunde werden Würge- oder Stachelhalsband zunehmend durch Halsbänder aus starkem Nylon ersetzt, vor allem, wenn der Hund vom Kopf anstatt vom Hals aus geführt werden soll.*

• *Wenn der Hund ruht und vor allem vor der Nachtruhe sollten Sie das Halsband abnehmen. Dies ist nicht nur angenehmer für das Tier, sondern verhindert auch entsprechende Abdrücke auf dem Fell.*

In der Gruppe und unter Anleitung eines Hundeführers fällt Groß und Klein das Lernen viel leichter.

IM VORFELD DER AUSSTELLUNG

Immer der Reihe nach – so könnte die Devise für dieses Kapitel lauten. Und doch gibt es manche Leute, die mit einem völlig unerprobten Hund auf Ausstellungen auf Anhieb einen Sieg erringen.

Es ist sicher eine gute Idee, Ihren Welpen zu einem »Ringkurs« anzumelden, zumal das zulässige Mindestalter des Hundes auf offiziellen Ausstellungen sechs Monate beträgt.

Die Ringschule (nicht zu verwechseln mit der auf Gehorsam abzielenden Hundeschule) soll den Hund an den Umgang mit anderen Artgenossen und Menschen gewöhnen und Ihnen beibringen, wie Sie Ihren Hund im Ring vorführen. Für die einzelnen Rassen gibt es dabei unterschiedliche Techniken.

Während man mit einer Französischen Bulldogge oder einem Kleinhund wie dem Brüsseler Griffon oder dem Chihuahua durch den Ring geht, müssen größere Rassen wie Afghane oder Dobermann im Ring bewegt werden. Kleinere Hunde werden auf einem Tisch stehend begutachtet (mit Ausnahme des Yorkshire Terriers, der hierzu in seiner Box verbleibt), große Rassen indessen werden in Schaupose auf dem Boden stehend bewertet.

BASISWISSEN ÜBER AUSSTELLUNGEN

Es ist ratsam, vor Beginn einer Ausstellungskarriere möglichst viele Hundeschauen zu besuchen. Beobachten Sie die entsprechenden Hunde in Stand und Bewegung, und versuchen Sie, dies in Ihren praktischen Sit-

zungen nachzuahmen. In Großbritannien gibt es zahlreiche Ausstellungen für Ausnahmehunde, was bedeutet, daß diese Hunde aus dem offiziellen Raster herausfallen. Derartige Schauen bieten dem Anfänger eine ausgezeichnete Plattform und beinhalten neben Klassen für rassenlose Hunde auch manche nicht unbedingt ernst gemeinte Kategorie wie etwa »Sieger im Schwanzwedeln«.

Bestimmte Ausstellungen wiederum stehen nur den Mitgliedern des ausrichtenden Vereins offen, während Offene Ausstellungen und Meisterschaften nur etwas für versierte Aussteller sind. In den letztgenannten Ausstellungen werden Anwartschaften vergeben, die den Rüden oder die Hündin als vorbildliche Vertreter ihrer Rasse auszeichnen. Drei Anwartschaften, die auf drei verschiedenen Meisterschaften von drei verschie-

Oben: Kleinhunde werden auf dem Ausstellungstisch stehend begutachtet. Die meisten Aspiranten gewöhnen ihren Hund daher bereits in frühem Alter daran, täglich mehrere Minuten ruhig auf dem Tisch zu stehen, etwa im Rahmen der täglichen Fellpflege.

Links: Ringkurse bieten einem jungen Hund ausgezeichnete Gelegenheit, sich an die Anwesenheit von Artgenossen und die Prüfung durch eine fremde Person zu gewöhnen. Der Hundeführer seinerseits lernt, wie er sich im Ausstellungsring zu verhalten hat.

*Oben: Beispiel für die in Eng-
land verliehenen Rosetten für
den siegreichen Rassehund.*

*Rechts: Diese erfolgreiche
Ausstellerin demonstriert die
Präsentation eines Magyar
Vizla. Dies ist nicht so leicht,
wie es ausschaut, zumal der
Hund den eigenen körperli-
chen Möglichkeiten entspre-
chen sollte.*

TIPS FÜR HUNDEHALTER

• *Wählen Sie für den Ausstellungsring eine schicke
Kleidung, um Ihrem Hund in nichts nachzustehen.*
• *Als Frau sollten Sie auf hochhackige Schuhe verzich-
ten, um besseren Halt zu haben.*
• *Machen Sie Ihre Ausstellungskarte stets für Richter
und Steward deutlich sichtbar.*
• *Studieren Sie den Katalog gründlich, und sorgen Sie
dafür, daß Sie rechtzeitig am Ring stehen.*
• *Denken Sie daran, ausreichend Wasser und einen
Trinknapf mitzunehmen.*
• *Plaudern Sie im Ring nicht mit anderen Ausstellern.*
• *Stellen Sie die Entscheidung des Richters möglichst
nicht in Frage.*
• *Verübeln Sie es Ihrem Hund nicht, wenn er nicht
mit seiner möglichen Höchstleistung aufwartet. Auch
Hunde haben ihre guten und schlechten Tage.*

denen Richtern vergeben wurden, berechtigen zum
Führen des Championtitels.

In den USA bieten die Dog Matches dem Neuling
eine gute Übungsplattform. Auch hier werden Preise
vergeben, nicht aber die für einen späteren Championtitel erforderlichen Punkte, die nur auf regulären
Hundeausstellungen erzielt werden können.

BEWERTUNGSSYSTEME

Championatspunkte werden auf Specialist- und All-
Breed-Shows in den folgenden regulären Kategorien
vergeben: Novizenklasse, Züchtungen des Ausstellers,
Heimische Züchtungen, Offene Klasse und Welpen
(6 bis 9 und 9 bis 12 Monate). Die Ausstellungssieger
(Rüde und Hündin) werden aus der Reihe der Klas-
sengewinner ermittelt. Die Bewertungssysteme sind
zwar je nach Land verschieden, vom Grundsatz her
aber sollten die Ausstellungssiege international ver-
gleichbar sein.

KÖRPERPFLEGE

Ob nun Ausstellungshund oder nicht – in jedem Fall profitiert Ihr Tier von einer täglichen Körperpflege. Sie führt nicht nur zu besserem Aussehen und erhöhtem Wohlbehagen des Hundes, sondern gestattet Ihnen auch, rechtzeitig auf etwaigen Flohbefall oder kleinere Verletzungen aufmerksam zu werden.

Falls Ihre Zeit knapp bemessen ist, entscheiden Sie sich besser nicht für eine der pflegeintensiveren Rassen – erst recht nicht, wenn Sie mit dem Hund eine Ausstellungskarriere anstreben.

Die Versorgung der meisten Kurzhaarrassen geschieht ohne viel Aufwand. Für die Fellpflege reicht eine Bürste mit kurzen, steifen Borsten oder ein Hundehandschuh. Das Frottieren mit einem Handtuch oder Fensterleder kann Wunder wirken. Hunde mit dichtem Fell benötigen eine Nylonbürste.

ZEITAUFWAND

• *Zu den Rassen, die keine aufwendigen Vorbereitungen für den Ausstellungsring benötigen, gehören im einzelnen: Boxer, Dackel (Kurzhaar), Dobermann, Bull Terrier, Französische Bulldogge, Chihuahua und Petit Brabançon, Mops, Staffordshire Bull Terrier.*
• *Zu den sehr pflegeintensiven Rassen zählt man: Afghane, Airdale Terrier, Foxterrier (Drahthaar), Bichon à poil frisé, Komondor, Löwchen, Lhasa Apso, Pudel, Caõ de Agua, Pekinese, Bobtail, Puli, Shih Tzu, Yorkshire Terrier.*

ZEITAUFWAND

Die Vorbereitung einiger Hunderassen für Ausstellungen ist für den Anfänger keineswegs einfach. Der Pudel etwa muß alle sechs Wochen geschoren werden; während ein Karakulschnitt für den Alltag ausreicht, benötigt der Ausstellungspudel eine einwandfreie Löwenschur, deren Herstellung viele Stunden kostet.

Der elegante Afghanische Windhund und der beliebte Bobtail sind nur zwei Beispiele für Rassen, die einer recht aufwendigen Vorbereitung bedürfen. Terrier müssen von Hand getrimmt werden, das Fell des Bichon à poil frisé bedarf einer intensiven Behandlung, und in das Zotthaar des ungarischen Puli muß von Hand Ordnung gebracht werden. Das Fell wiederum anderer Rassen wie des lustig anmutenden Brüsseler Griffons muß fachgerecht gezupft werden.

Detailinformationen hält meist der entsprechende Zuchtverband bereit.

Es ist ratsam, sich beim Kauf eines Welpen vom Züchter über die erforderliche Grundausstattung zu informieren. Für Ausstellungszwecke können später noch Anschaffungen wie spezielle Leinen und Transportbehältnisse hinzukommen.

weiche Bürste

Gummibürste

Hundehandschuh

Wildlederrolle

Metallkamm

Plastikkamm

Drahtbürste

Tücher für Ohren und Augen

Krallenzange

Zahnbürste und -paste

KUPIEREN

Im jeweiligen Ursprungsland war oder ist es üblich, solch verschiedenartigen Rassen wie Boxer, Deutsche Dogge, Dobermann, Schnauzer, Zwergpinscher und Brüsseler Griffon die Ohren zu kupieren.

Diese Praxis ist jedoch in Deutschland, Großbritannien, Skandinavien, Australien und in einigen Bundesstaaten der USA untersagt. Das Für und Wider des in Deutschland verbotenen Kupierens der Rute wird in zahlreichen Ländern kontrovers diskutiert.

Zwar werden solche Schönheitsmaßnahmen auch von Hundesalons durchgeführt, doch viele Halter lassen es sich nicht nehmen, höchstpersönlich für ein untadeliges Äußeres ihrer Lieblinge zu sorgen.

Die Pflege des Hundes beinhaltet eine Vielzahl routinemäßiger Kontrollen. So etwa ist daran zu denken, die Ohren des Hundes innen mit einem in Olivenöl getränkten Baumwollappen zu säubern (dabei jedoch auf keinen Fall zu tief vordringen), die Augenregion mit einem in lauwarmes Wasser (oder erkalteten) Tee getauchten Baumwollappen zu reinigen und die Zähne mit einer guten Hundezahnpaste zu putzen.

Das Baden des Hundes ist in der Regel nur im Sommer notwendig und ratsam, wenn er sich gut abfrottiert im Garten austoben und sein Fell trocknen kann. Ausstellungshunde werden je nach Felltyp spätestens am Vorabend der Ausstellung gebadet. Hierzu erkundige man sich am besten beim jeweiligen Züchter.

Ohren: Außenohr und Gehörgang auf Vorhandensein von Ohrenschmalz oder unangenehmen Gerüchen prüfen. Nicht zu tief eindringen.

Krallen: Die Krallen eines Hundes, der viel auf hartem Untergrund bewegt wird, nutzen sich auf natürliche Weise ab. Ansonsten sollten sie etwa in vierteljährlichen Abständen nachgeschnitten werden.

Augen: Gerötete Bindehaut, vermehrter Tränenfluß und Trübung der Hornhaut deuten auf eine Erkrankung hin. Für die routinemäßige Augenpflege gibt es Tücher, um die häufig auftretende Sekretbildung zu entfernen.

Zähne: Für das Entfernen des Zahnbelags kann sich bei manchen Hunden ein Gang zum Tierarzt empfehlen, vor allem bei Kleinhundrassen mit frühem Zahnverlust.

VERSCHIEDENE WELTEN

• Manch einer entscheidet sich für einen Langhaar, weil er sich dafür begeistert, abends seinen Hund auf den Schoß zu nehmen und sein Fell intensiv durchzubürsten. Falls Sie nicht so viel Zeit erübrigen können, sollten Sie besser einen Kurzhaar wählen.

• Die regelmäßigen vierbeinigen Gehsteiggänger nutzen ihre Krallen auf natürliche Weise ab. Dennoch kann ein Nachschneiden mit Hilfe einer Spezialzange alle paar Monate erforderlich werden. Um Blutungen und unnötige Schmerzen zu vermeiden, nicht über das Weiße des Nagels hinaus schneiden. Zögern Sie nicht, sich von Ihrem Tierarzt einweisen zu lassen.

• Welch ein Unterschied zwischen dem kecken, vor Schmutz starrenden Yorkshire Terrier, der Ihnen auf der Straße begegnet, und seinem gesetzten Cousin, der in Lockenwicklern auf die nächste Ausstellung wartet!

BEWEGUNG UND LAUFTRAINING

Alle Hunde brauchen Bewegung – manche mehr, andere weniger. Es wäre daher eine schlechte Entscheidung, sich einen Hund mit begrenztem Bewegungsdrang zuzulegen, wenn man selbst begeisterter Wanderer ist, oder aber einen größeren Gebrauchshund, wenn man eher zur Behäbigkeit neigt.

Die meisten Hunde benötigen im Durchschnitt täglich zwei wenigstens 20minütige Spaziergänge – vorzugsweise in solchen Gegenden, wo sie gefahrlos frei herumtoben können. Ein eigener Garten ist ein geeignetes Terrain für Ballspiele mit dem Hund.

Bestimmte – auch manche der kleineren – Hunderassen besitzen einen ausgeprägten Bewegungsdrang. Dem können Sie begegnen, indem Sie die Energie und Intelligenz Ihres Hundes auf Gehorsams- oder Wendigkeitsprüfungen ausrichten. Auch eine Mitgliedschaft in der nächstgelegenen Hundeschule könnte in Frage kommen.

Die meisten Hunde wären ziemlich enttäuscht, wenn der planmäßige Spaziergang einmal ausfiele, und mancher Halter verdankt – oft ohne es zu wissen – seine körperliche Fitneß allein seinem vierbeinigen Begleiter.

ARTGERECHTE BEWEGUNG

• *Kleinhunde wie der Pekinese, Yorkshire Terrier und Zwergspitz lieben nichts mehr als ausgiebige Streifzüge über Stock und Stein, auf denen sie sich so richtig schmutzig machen können. Wenn es denn sein muß, nehmen sie auch schon einmal mit einem beschaulichen Parkspaziergang vorlieb.*

• *Gebrauchshunde wie Deutscher Schäferhund, Dobermann, Border Collie, Rottweiler und Mastiff können rastlos und bösartig werden, wenn ihnen keine Aufgabe gegeben wird. Diese Rassen wurden schließlich gezüchtet, um dem Menschen zu nutzen.*

ROUTINE IST ALLES

• *Bemühen Sie sich, mit Ihrem Hund möglichst regelmäßig Gassi zu gehen, beispielsweise frühmorgens und nachmittags, und noch einmal kurz am Abend. Denken Sie daran, daß Ihr Hund, sobald sich diese Routine eingebürgert hat, enttäuscht wäre, wenn einer der Gänge ausfiele, wie dies auch bei den Mahlzeiten der Fall wäre.*

• *Der Hund, der als Welpe nachmittags ausgeführt wurde, wird später ungeduldig auf seinen Spaziergang warten, auch wenn sein unsensibler Halter diese Gewohnheit schon längst abgelegt hat.*

Obwohl viele Kleinhunde mit relativ wenig Bewegung auskommen, mögen sie nicht auf ihren täglichen Gang nach draußen verzichten. So wäre es etwa falsch, selbst dem winzigen Chihuahua seinen täglichen Gang nach draußen vorzuenthalten. Einige Kleinhunde können ihren Halter sogar fußlahm machen!

Die Englische Bulldogge ist ein Hund, der nicht besonders gut zu Fuß ist (maximal 1 km) und sich daher ideal für den älteren Menschen eignet. Gleich anderen kurzköpfigen Rassen mit entsprechender Atembehinderung darf die Englische Bulldogge niemals bei sehr großer Hitze ausgeführt werden (Lebensgefahr!). Umsichtige Halter verreisen mit diesen Hunden während einer Hitzeperiode niemals ohne feuchte Handtücher und Eispackungen.

Welpen gleich welcher Rasse sollten erst ab Erreichen des sechsten Lebensmonats auf einen längeren Spaziergang mitgenommen werden, da sie frühestens in diesem Alter die erforderlichen körperlichen und konditionellen Voraussetzungen erfüllen. Von einem untrainierten ausgewachsenen Hund, der bislang eher ein beschauliches Leben führte, darf man nicht erwarten, daß er eine Wanderung von 15 km durchhält.

Der Dalmatiner gehört zu den Rassen, die einem Pferd unermüdlich folgen würden. Einmal begegnete ich einem Zwergdackel auf einer Wanderung mit seinem Herrchen fernab von Zuhause. Es erschien mir wie ein Wunder, daß der Hund auf seinen kurzen Beinchen so weit gekommen war, doch wie mir sein Besitzer erklärte, war sein Hund buchstäblich von Kindesbeinen an mit längeren Wanderungen vertraut.

Links: Jagdhunde benötigen reichlich Bewegung in möglichst ländlicher Umgebung.

Oben: Der Dalmatiner, der traditionelle englische »Kutschenhund«, sollte nicht vom Fahrrad oder vom fahrenden Auto aus bewegt werden.

MIT DEM HUND SPIELEN

Hunde zeigen ein natürliches Spielverhalten, und sogar die Spiele der Welpen können einen Auftakt für eine spätere nützliche Funktion des Hundes bilden. Ein Welpe, der einem Ball hinterherläuft, ihn fängt und zurückbringt, lernt seine erste Lektion im Apportieren, und Versteckspielen bildet gewissermaßen das Handwerkszeug des Stöberhundes aus.

Die Welpen genießen es, miteinander spielerische Kämpfe auszutragen, bei denen sie etwas über Dominanz und Unterwerfung lernen. Außerdem machen sie die Erfahrung, daß es möglich ist, hierbei ohne Aggression auszukommen – und daß ein Biß wehtun kann! Einander jagen und harmlose Sexualspiele gehören ebenfalls zu ihren Aktivitäten.

Ein Welpe, der zum Gefährten einer zurückgezogenen, vielleicht sogar introvertierten Person wird, die nicht mit ihm spielt, entwickelt sich zu einem eher ernsten, freudlosen Hund – im Gegensatz zu dem Hund eines aufgeschlossenen Halters. Beim Hund ist es wie beim Menschen: Wenn der spielerische Aspekt zu kurz kommt, kann dies innerlich leicht zu Unlust und Abstumpfung führen.

Welpen sind von Natur aus lebhaft, neugierig und verspielt. Der Charakter des Hundes ist jedoch schon ausgebildet, wenn er bereit ist, das »Nest« zu verlassen. Aus einem Welpen, der keck auf jeden Besucher zustürmt, wird einmal ein aufgeschlossener, furchtloser Hund, und aus dem verängstigten Kerlchen, das sich in eine Ecke verkriecht, wohl eher ein scheuer, nervöser Vierbeiner.

Hunde sind hervorragende Spielgefährten für Kinder. Ballspiele bereiten beiden Spaß. Für den Hund kann dies die erste Lektion im Apportieren bedeuten. Für jüngere oder unerfahrene Hundeführer bietet sich der Besuch einer Hundeschule an, um das Tier an den Umgang mit anderen Menschen und Hunden zu gewöhnen.

ÜBER HALSBÄNDER

• Seit altägyptischer Zeit kennt man Gemälde und Skulpturen von Hunden mit den verschiedenartigsten Halsbändern. Eine Wandmalerei in Pompeji zeigt einen Hund mit einem Halsband, das mit Metallstegen dekoriert ist; auf einem Mosaik ist ein Kettenhund mit einem schlichteren Halsband dargestellt.

• Der erste Sammler von Hundehalsbändern war Philipp II. von Spanien. Er besaß ein Halsband, das einst dem Hund des Herzogs von Burgund (1342–1404) gehört hatte. Aus der 1558 vorgenommenen Aufstellung seiner Besitzümer geht hervor, daß es mit Perlen besetzt war.

• Viele mittelalterliche Halsbänder trugen lange, grausam wirkende Stacheln. Einen weit attraktiveren Anblick bietet da schon ein breites englisches Messinghalsband aus dem späten 18. Jahrhundert. Es trägt folgende Inschrift: »Ich bin Mr. Pratts Hund, King Street, Wokingham. Wessen Hund sind Sie?«

AGGRESSIVITÄT VERHINDERN

Hunde verfügen über ein breites gestisches und mimisches Repertoire. Hier sind zwei Wege angedeutet, die zwischen Normalzustand und Unterwerfung liegen.

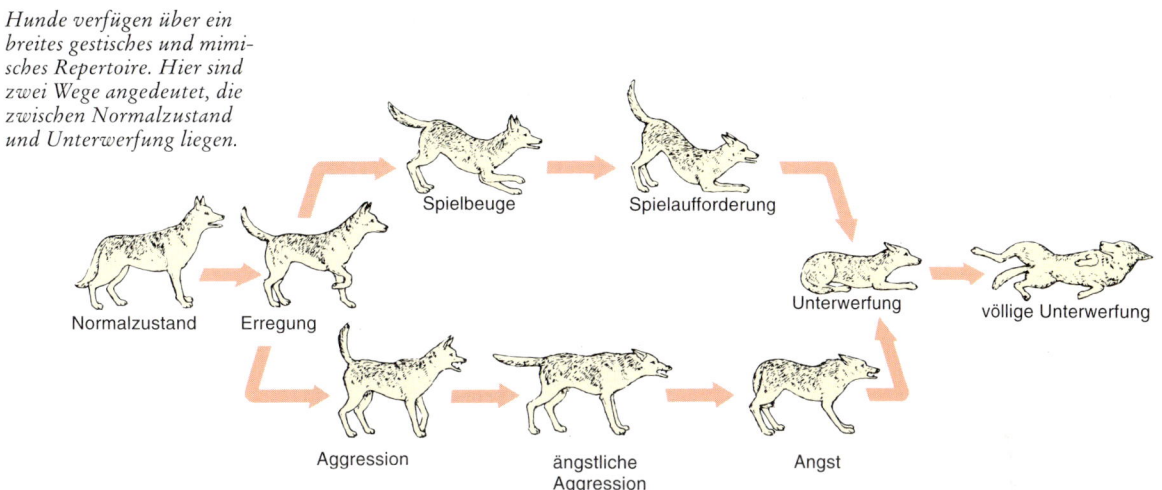

Normalzustand — Erregung

Spielbeuge — Spielaufforderung

Unterwerfung — völlige Unterwerfung

Aggression — ängstliche Aggression — Angst

Bei der Entscheidung für eine bestimmte Hunderasse ist es wichtig, sich daran zu erinnern, daß manche Rassen auf bestimmte Eigenschaften hin gezüchtet wurden und teils noch werden wie beispielsweise Schärfe, Wachtrieb oder Schutztrieb.

Manche Hunde akzeptieren auch Vertreter anderer Rassen in ihrem Sozialverband und vertragen sich mit Artgenossen, denen sie begegnen – manche aber auch nicht. Obwohl es eher ungewöhnlich wäre, daß ein Welpe nicht akzeptiert würde, sollte man ihn vorzugsweise auf neutralem Grund schrittweise einführen.

Es liegt im Instinkt des Hundes, sein Territorium gegenüber allen Fremden zu bewachen. Während aber beispielsweise ein Irish Setter einen Einbrecher mit freudigem Schwanzwedeln begrüßen und ihn ablekken würde, dürfte die Sache bei einem Bullterrier wohl so ausgehen, daß sich der Eindringling zur Salzsäule erstarrt auf einem Stuhl stehend wiederfindet.

UNTERSCHIEDLICHE TEMPERAMENTE

Natürlich hat ein Cavalier King Charles Spaniel ein anderes Temperament als ein Rottweiler, doch sofern keine Erbfehler vorliegen, darf man erwarten, daß ein aus einer gesunden Zuchtlinie stammender Hund, der in frühem Alter in die Familie integriert und sachgerecht erzogen wird, keine Aggressionen zeigt.

Bei den Vertretern der größeren Rassen ist indessen darauf zu achten, daß man sie bereits als Welpen in ihre Schranken verweist; ansonsten können sie sich bei einer Disziplinierung in höherem Alter aus Frustration gegen ihren Halter wenden.

Oben: Diese Abbildung eines Tierkampfs (ca. 5. Jahrhundert v. Chr.) stammt aus dem Athener Nationalmuseum. Kämpfe Mann gegen Hund, wobei dem Mann gelegentlich ein Arm auf den Rücken gebunden wurde, waren einst üblich.

Links: Nachweislich bösartige Hunde müssen manchmal per Gerichtsbeschluß eingeschläfert werden oder einen Maulkorb tragen. Letzteres ist in manchen Ländern auch für nicht gegen Tollwut geimpfte, importierte Hunde vorgeschrieben.

UNERWÜNSCHTES VERHALTEN

Es ist schon recht merkwürdig, daß manche Menschen ihren Hund als eine Art Alarmanlage auf vier Beinen sehen, doch sich niemand einen notorischen Kläffer wünscht, der nachbarliche Beschwerden heraufzubeschwören vermag.

Dabei ist es normal, daß Hunde ein Klopfen an der Tür, ein nächtliches Geräusch oder auch ihre Freude am Spiel durch Lautgeben quittieren. Unaufhörliches Kläffen ist jedoch nicht hinnehmbar, zumal dem jeweiligen Halter ein Gerichtsverfahren drohen kann.

JODELNDER HUND AUS DEM KONGO

Einige Hunderassen sind geräuschvoller als andere. Dies gilt für viele Zwerghunde (wenn sie denn bellen dürfen) und für einige kleine Terrier, während die Französische Bulldogge ein relativ ruhiger Vertreter ist. Der aus dem Kongo stammende Basenji gibt nur ein jodelndes Heulen von sich.

SPRECHERZIEHUNG

Man kann einem Hund beibringen, bellend zu »sprechen«, wenn man ihm ein Leckerchen präsentiert, ihn dann mit erhobenem Finger und entsprechender Stimme auffordert, »leiser, leiser« zu bellen, um ihn zu be-

Rechts: Es kann durchaus wünschenswert sein, daß ein Hund den Eindringling verbellt, doch ständiges Bellen ist eine Plage. Hunde müssen in frühem Alter lernen, auf Kommando das Bellen einzustellen.

Um den Hund vom Bellen abzubringen, sollte man mit einer aufgerollten Zeitung auf den Tisch schlagen und dies mit einem entsprechenden Kommando begleiten.

Durch sanftes Anheben des Knies läßt sich das Hochspringen des Hundes verhindern.

Um Kläffer zu beruhigen, versuche man es mit einer »Dusche«.

TIPS FÜR HUNDEHALTER

• *Bringen Sie Ihrem Hund bei, sich nicht auf Gehwegen zu erleichtern, und entfernen Sie den Kot mit Hilfe der im Handel erhältlichen Utensilien.*
• *Schließen Sie eine Hundehaftpflichtversicherung ab. Sie bietet einen Schutz bei durch den Hund verursachten Verkehrsunfällen, im Spiel zerrissener Kleidung etc.*
• *Sperren Sie Ihren Hund aus, wenn Besucher an der Tür klingeln und Sie nicht sicher sind, wie sie zu Hunden stehen.*

• *Tolerieren Sie es nicht, daß Ihr Hund ständig bellt. Denken Sie an Ihre Nachbarn!*
• *Erlauben Sie Ihrem Hund nicht, an fremden Menschen hochzuspringen, denn sie könnten dies für einen Angriff halten. Manche Menschen hegen eine ausgeprägte Angst vor Hunden.*

lohnen, wenn er nur mehr ein Wispern von sich gibt. Ebenso kann man verhindern, daß ein Hund im Alltag ständig herumkläfft.

Wenn der Hund bellt, treten Sie hinzu und schlagen mit einer aufgerollten Zeitung kräftig auf den Tisch. Dies begleiten Sie mit einem möglichst vorwurfsvollen »Nein!« und einem Tadel wie etwa »böser Junge«. Der unvermittelte Knall dürfte den Hund auf andere Gedanken bringen und vom Bellen abhalten. Festes Händeklatschen führt meist zu dem gleichen Ergebnis. Entscheidend ist auch hier ein mißbilligender Tonfall. Hunde fallen nicht gern in Ungnade; manche schleichen sich nach einer Rüge schmollend von dannen.

UNSOZIALES VERHALTEN

Als Hundehalter sind Sie moralisch und teils auch gesetzlich verpflichtet, zu verhindern, daß Ihr Hund auf irgendeine Weise die öffentliche Ordnung stört, sei es durch Verunreinigung von Gehwegen und Grünflächen oder – schlimmer noch – von Nachbars Garten. Derartige Mißgeschicke sind umgehend zu entfernen.

KLEINER WILLKOMMENSGRUSS

Manche Menschen sind passionierte Hundeliebhaber, andere wiederum bringen ihnen eine ausgeprägte Abneigung entgegen und wären sogar fähig, eine freudig erregte Begrüßung durch den Hund als Angriff zu deuten. Falls Sie sich nicht sicher sind, ob Ihr Besuch sich stark zu Hunden hingezogen fühlt oder ob Ihr Hund unaufgefordert an dieser Person hochspringt, ist es daher am besten, den Hund außer Sichtweite in einen anderen Raum oder einen Innenzwinger einzuschließen, bis der Besuch wieder gegangen ist. Sicherheit geht hier vor!

Links: Dieses Utensil eignet sich vor allem dazu, im eigenen Garten hinter dem Hund »aufzuräumen«.

Unten: Familienmitglieder, nicht unbedingt aber Fremde, wissen eine stürmische Begrüßung durch den Hund zu schätzen. Den Abdruck schmutziger Pfoten sieht jedoch niemand gern auf seiner Kleidung. Welpen sollten lernen, daß dieses Verhalten nicht immer willkommen ist.

HUNDE UND URLAUB

Die Haltung eines Hundes bedeutet zwar nicht das Ende aller Ferien, wohl aber müssen Sie Vorkehrungen für die Versorgung Ihres Lieblings treffen, sei es auch nur, wenn Sie im Rahmen einer Geschäftsreise auswärts übernachten müssen.

Vielleicht haben Sie ja einen verläßlichen Hundefreund zum Nachbarn, der Ihren Vierbeiner kennt und sich gern solange um ihn kümmert. Oder sein Züchter ist bereit, ihn für den erforderlichen Zeitraum bei sich unterzubringen.

AUSWAHL EINER HUNDEPENSION

Eher jedoch werden Sie sich mit dem Gedanken befassen müssen, Ihren Hund in einer Hundepension unterzubringen. Lassen Sie sich von Ihrem Tierarzt nahegelegene Einrichtungen empfehlen. Weitere Quellen sind

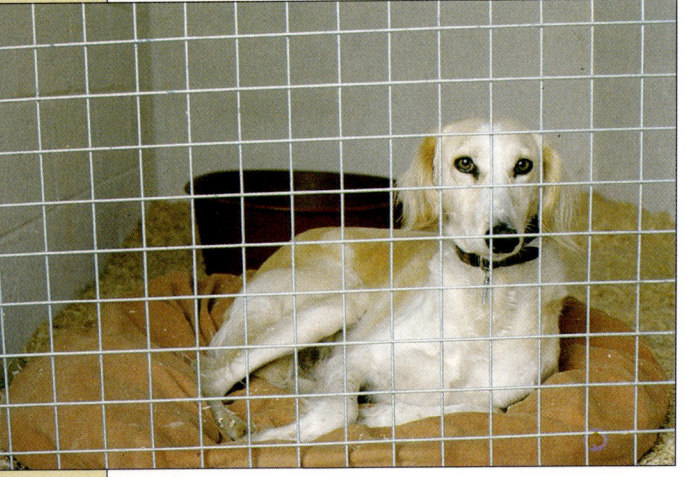

Links: Manche Halter finden es vertretbar, ihren Hund bei Freunden unterzubringen. Im Gegensatz zu einer Hundepension birgt dies jedoch die Gefahr des Entlaufens.

Oben: Der Transport kleinerer Hunderassen kann in verschiedenartigen Reiseboxen erfolgen – selbstverständlich nur mit regelmäßiger Rast.

Tierhandlungen, befreundete Hundehalter, öffentliche Bibliotheken, Branchenverzeichnis und Zuchtverbände. Da gute Hundepensionen wie beliebte Hotels weit im voraus ausgebucht sein können, sollten Sie eine Reservierung vornehmen, sobald Ihre Reisepläne Gestalt angenommen haben.

Rechnen Sie bei angesehenen Hundepensionen damit, daß sie den Impfschutz Ihres Hundes gegen tödliche Krankheiten wie Staupe, Leptospirose, ansteckende Leberentzündung, Parvovirose und zunehmend auch gegen Zwingerhusten nachweisen müssen. Diese Vorsichtsmaßnahme ist zu begrüßen, denn schließlich kann niemandem daran gelegen sein, daß sich sein Hund während der Fremdunterbringung eine ernsthafte Erkrankung zuzieht. Fragen wird man Sie außerdem nach Name, Anschrift und Rufnummer Ihres

KLEINE CHECKLISTE

• *Vergewissern Sie sich, daß Ihr Hund einen eigenen, ausreichend beheizbaren Zwinger haben wird (wichtig vor allem bei Kurzhaarrassen).*

• *Erkundigen Sie sich danach, ob Ihr Hund regelmäßig bewegt wird. In manchen Pensionen werden die Hunde gruppenweise ausgeführt, was gelegentlich zu Problemen führen kann.*

• *Die übliche Tagesgebühr für die Unterbringung richtet sich in der Regel nach der Größe des Hundes. Gelegentlich wird aber auch mit einer Preispauschale gearbeitet.*

Links: Hunde sollten, nicht zuletzt auch für Ihre eigene Sicherheit, im Auto möglichst angegurtet werden. Für zahlreiche Kombifahrzeuge gibt es spezielle Trenngitter oder Trennnetze.

Unten: Guterzogene Hunde können auf manche Campingplätze mitgebracht werden. Auch wenn dort Hunde zugelassen sind, sollte man sich über die Belegungsquote erkundigen.

Tierarztes, der Telefonnummer, unter der Sie im Urlaub erreichbar sind, und nach Besonderheiten in puncto Ernährung oder etwaiger Gabe von Medikamenten.

Lassen Sie sich die Schlafstatt Ihres Hundes zeigen, und erkundigen Sie sich nach Auslaufmöglichkeiten des Tieres. Im Idealfall sollten die Hunde in beheizbaren Einzelzwingern gehalten und auch einzeln ausgeführt werden.

Fragen Sie außerdem danach, ob Accessoires wie Körbchen, Unterlagen oder Spielzeuge gestellt werden oder mitgebracht werden müssen.

Falls Sie beabsichtigen, den Hund für mehrere Wochen in eine Pension zu geben, empfiehlt es sich, ihn zuvor für ein Wochenende probewohnen zu lassen, damit er erkennt, daß er nicht aufgegeben wurde.

DER HUND AUF REISEN

Zahlreiche Hunde werden auf Reisen mitgenommen, auch wenn die Unterbringung in Hotels, Pensionen Ferienanlagen und auf Campingplätzen Probleme bereiten kann oder im Einzelfall gänzlich unmöglich ist. Diese Frage sollten Sie auf jeden Fall bereits im Zuge der Buchung klären, anstatt plötzlich, womöglich noch mit einer Deutschen Dogge an Ihrer Seite, vor der Tür zu stehen.

Wenn Hunde in einem Hotel zugelassen werden, dürfen sie meist auch im Zimmer ihres Halters übernachten, haben jedoch keinen Zutritt zu Speisesälen.

Auf manchen Campingplätzen werden guterzogene Hunde vor allem dann geduldet, wenn sie an der Leine gehalten werden.

IMPFUNGEN UND VORSORGE

Bedingt durch die Geißel der Staupe bestanden seit jeher nur geringe Chancen, einen gesunden Welpen aufziehen zu können. Dank der in der Veterinärmedizin erzielten Fortschritte hat diese Krankheit ihre Schrecken heute jedoch weitgehend verloren. Da beim Welpen allerdings immer noch die Gefahr besteht, sich mit Staupe und anderen tödlichen Krankheiten anzustecken, darf man unter keinen Umständen auf entsprechende Schutzimpfungen verzichten. Das von Tierärzten bevorzugte Impfalter der Welpen ist nicht überall gleich. Die Grundimpfung erfolgt meist im Alter von acht Wochen, die Wiederholungsimpfung etwa vier bis sechs Wochen später. Der Welpe sollte auf keinen Fall mit fremden Hunden Umgang haben, bevor nicht die zweite Impfung wirksam wurde.

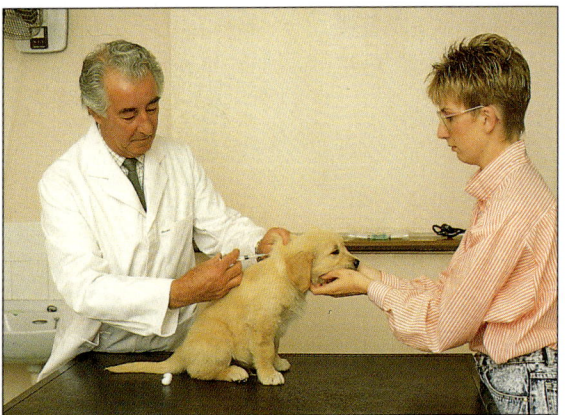

DER IMPFPASS

Der Impfpaß wird dem Halter üblicherweise vom Tierarzt ausgehändigt, nachdem die Schutzimpfungen des Welpen getätigt sind. Außer Name, Rasse, Geschlecht und Alter des Welpen sind Art und Dosis der verabreichten Impfstoffe vermerkt. Auffrischimpfungen sind oft im Paß vorgemerkt. Manche Tierärzte versenden auch spezielle Benachrichtigungen. Sie werden den ausreichenden Impfschutz Ihres Hundes belegen müssen, sei es beim Grenzübertritt oder bei Einquartierung Ihres Vierbeiners in eine Hundepension.

In den ersten Lebenswochen werden die Welpen durch mit der Muttermilch aufgenommene Antikörper geschützt. Da dieser Schutz aber nicht lange vorhält, besteht die Gefahr, daß der Welpe sich eine oder mehrere Krankheiten mit tödlichem Verlauf zuzieht, weshalb Impfungen unverzichtbar sind.

WURMWARNUNG

Der Hundespulwurm Toxocara canis wird von infizierten Hunden mit dem Kot ausgeschieden. Wenn seine Larven in den menschlichen Körper gelangen – indem etwa ein Kind beim Spiel im Sandkasten mit Hundekot in Berührung kommt und danach den Finger in den Mund steckt –, kann dies gefährliche Folgen haben. Daher sind Hunde regelmäßig zu entwurmen.

Oben: Solange die Schutzimpfungen noch nicht wirksam wurden, sollte man sich als Halter beim Nachhausekommen die Schuhe ausziehen und sie desinfizieren, um die Infektionsgefahr so weit wie möglich einzuschränken. Der Auslauf des Welpen beschränkt sich in dieser Zeit auf Hof oder Garten.

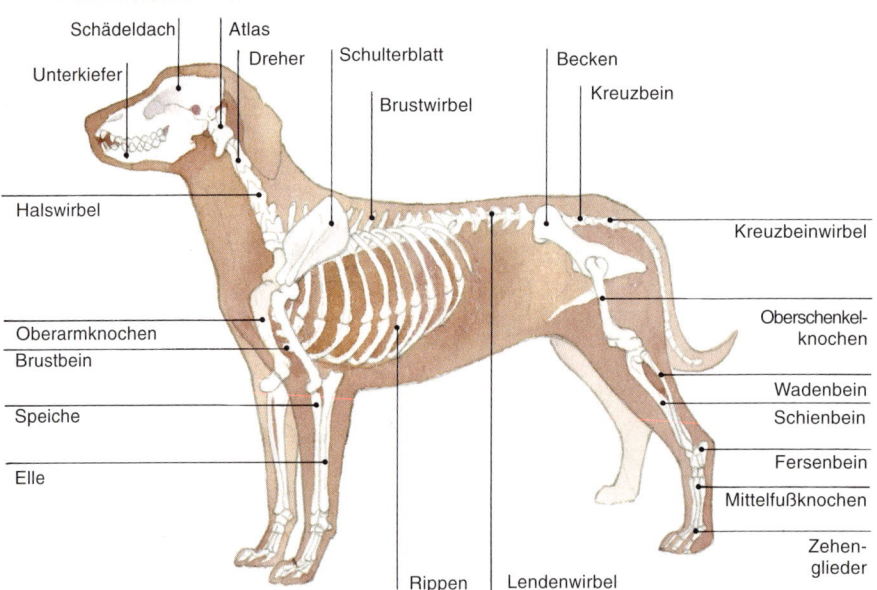

Schädeldach
Atlas
Dreher
Unterkiefer
Schulterblatt
Becken
Brustwirbel
Kreuzbein
Halswirbel
Kreuzbeinwirbel
Oberarmknochen
Oberschenkelknochen
Brustbein
Wadenbein
Speiche
Schienbein
Fersenbein
Elle
Mittelfußknochen
Zehenglieder
Rippen
Lendenwirbel

Die vom Tierarzt vollzogenen Impfungen richten sich gegen folgende Infektionskrankheiten:

• Parvovirose ist eine neuartige Krankheit, die erstmals 1977 festgestellt wurde und sich im Sommer 1978 bis nach Kanada und Australien ausgebreitet hatte. Die Parvovirose besitzt zwei unterschiedliche Verlaufsformen: zum einen als Herzmuskelentzündung (Myokarditis) bei Welpen bis zum Alter von etwa acht Wochen, und zum anderen als schwere Magen-Darm-Entzündung (Gastroenteritis) bei Hunden ab etwa fünf Wochen ohne obere Altersgrenze. Die Todesrate kann bei jüngeren Welpen bis zu 100 Prozent betragen, geht jedoch auf etwa 10 Prozent bei älteren Welpen und ungefähr 1 Prozent bei ausgewachsenen Hunden zurück.

1. Achten Sie beim Verabreichen einer Tablette darauf, daß sie richtig verschluckt wird, denn oft speit der Hund sie später wieder aus.

2. Streichen Sie mit der Hand die Kehle hinab, um den Schluckvorgang zu fördern, oder verstecken Sie die Tablette in einem Leckerchen.

FATALE FOLGEN

Die Fieberkrankheit Leptospirose kann von zwei verschiedenartigen Mikroorganismen verursacht werden. Die Ausbreitung der Erreger erfolgt mit dem Harn des Hundes, weshalb etwa Laternenpfähle oft eine Infektionsquelle sind. Eine Form der Leptospirose kann über verseuchtes Wasser übertragen werden.

Welpen, die eine Myokarditis überleben, haben oftmals eine verminderte Herzfunktion und eine geringere Lebenserwartung, während Hunde nach einer Gastroenteritis wegen der Schädigung des Verdauungssystems nicht selten über einen längeren Zeitraum dahinkümmern.

Weitere Krankheiten:

• Die Infektionskrankheit Staupe, die vor allem die Atmungsorgane und Verdauungswege im 1. und 2. Lebensjahr befallen kann, entsteht durch ein Virus, das praktisch das gesamte Körpergewebe des Hundes befallen kann.

• Virushepatitis kann eine Schädigung von Leber, Nieren und Augen, aber auch Atemwegserkrankungen verursachen.

• Leptospirose schädigt Nieren und Leber.

Das Gesagte sollte Ihnen vor Augen führen, wie extrem wichtig ein lückenloser Impfschutz auch des älteren Hundes ist.

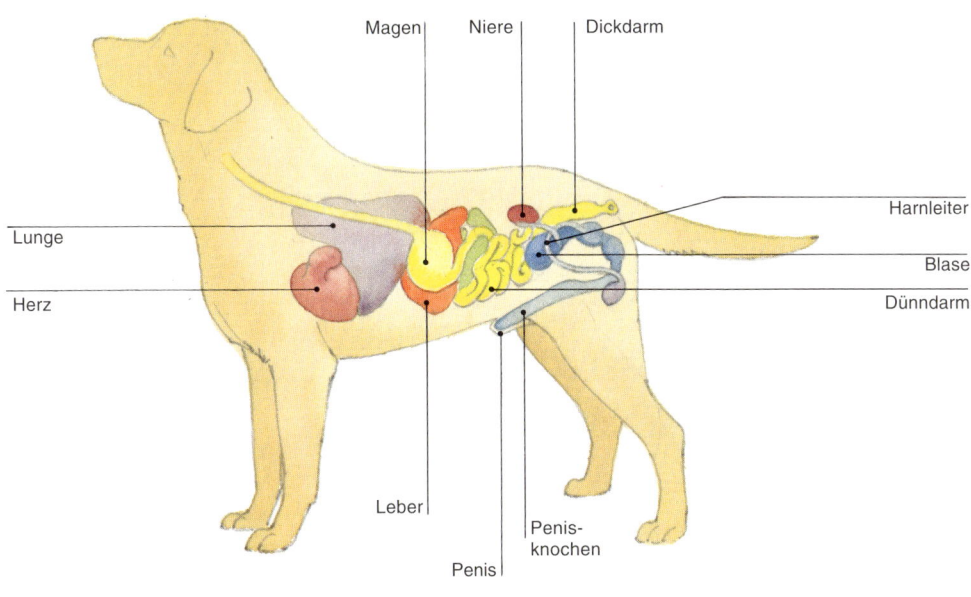

Magen Niere Dickdarm

Harnleiter

Lunge

Blase

Herz Dünndarm

Leber

Penis-knochen

Penis

ABHILFE BEI KRANKHEITEN

BEFUND	SYMPTOM	ABHILFE
Analdrüsen, Entzündung oder Verstopfung	Der Hund fährt mit dem Hinterteil über den Boden (»Schlittenfahren«) und wirkt auffallend unruhig.	Hunde verfügen beiderseits des Afters über kleinere Duftdrüsen. Bei Nichtentleerung kommt es zu Juckreiz und später auch zu Abszessen. Das korrekte Ausdrücken der Analdrüsen können Tierärzte zeigen.
Augenverletzung	Ein Auge erscheint stark gereizt oder ist ganz geschlossen.	Halten Sie nach Fremdkörpern wie Grassamen Ausschau, und entfernen Sie diese vorsichtig. Halten Sie den Hund im Halbdunkel, und bringen Sie ihn zum Tierarzt. Ist dies nicht sofort möglich, träufeln Sie dem Hund als Notfallmaßnahme etwas Olivenöl ins Auge.
Bedeckung, unerwünschte	Die Hündin wurde versehentlich gedeckt.	Um zu verhindern, daß es zu einer Einnistung der Eizelle kommt, sollte möglichst innerhalb von 24 Stunden die erste Gegeninjektion erfolgen.
Diabetes	Erhöhter Durst und Appetit, verbunden mit Gewichtsverlust.	Setzen Sie sich mit Ihrem Tierarzt in Verbindung. Vielleicht werden Sie lernen müssen, Ihrem Hund tägliche Insulininjektionen zu verabreichen.
Durchfall (akut)	Sehr dünner, möglicherweise bluthaltiger Stuhl, eventuell auch Erbrechen und Schwäche der Hinterläufe.	Setzen Sie den Hund auf Nulldiät, und halten Sie ihn warm. Baden Sie Fang und Zahnfleisch in einer warmen Glukose- oder Zuckerlösung.
Ekzem	Auf der Haut des Hundes erscheint ein trockener oder nässender, für den Hund lästiger Fleck, den er durch Beißen oder Kratzen zu entfernen versucht.	Die möglichen Ursachen reichen von der Mangelernährung bis zu Hormonstörungen. Eventuell sind verschiedene tierärztliche Behandlungsversuche mit Salben oder Injektionen vonnöten.
Epilepsie	Plötzliche unkontrollierte, spasmische Bewegungen, oft mit schnappendem Unterkiefer und erhöhtem Speichelfluß. Der Hund kann auf eine Seite fallen.	Halsband lockern oder ganz entfernen. Stellen Sie sicher, daß sich der Hund keine Verletzungen zuziehen kann (etwa am offenen Kamin). Falls notwendig, unterstützen Sie die Atmung des Hundes, indem Sie seinen Kopf und Hals gestreckt halten. Lagern Sie den Hund in einem abgedunkelten, ruhigen Raum, und vermeiden Sie alle plötzlichen Geräusche.
Flöhe	Der Hund kratzt sich ständig. Sein Fell befindet sich in einem schlechten Zustand.	Man kennt vier weitverbreitete Arten von Außenparasiten: Läuse und ihre Eier (Nissen) finden sich meist am Kopf des Hundes, Flöhe, Milben und Zecken dagegen auch im Körperfell.
Fremdkörper, Aufnahme	Der Hund versucht, sich zu erbrechen, oder fährt mit den Pfoten ständig zum Fang.	Versuchen Sie, den Fang des Hundes zu öffnen und den Fremdkörper – vielleicht ein Stück Knochen, das sich in der Maulhöhle verkantet hat – zu entfernen. In komplizierteren Fällen kann ein unter Vollnarkose erfolgender Eingriff erforderlich werden.
Fremdkörper, im Gehörgang	Der Hund kratzt sich eines oder beide Ohren, hält den Kopf schräg und schüttelt ihn wiederholt.	Möglicherweise haben sich Grassamen oder Grannen im Gehörgang festgesetzt. Verzichten Sie auf eine Eigendiagnose, und suchen Sie einen Tierarzt auf.
Glassplitter	Plötzliches Bluten der Pfote mit oder ohne Lahmen. Oft an Stränden und in seichten Gewässern mit Glasscherben.	Bei starker Blutung die Pfote möglichst steril abdecken und mit einem festen Druckverband versehen. Die möglicherweise gebrochene Pfote nicht abknicken. Niemals eine elastische Binde oder anderes einschnürendes Material verwenden. Tierarzt aufsuchen.
Grassamen	Siehe unter »Fremdkörper im Gehörgang«.	Da Grassamen mit der Zeit weit in den Gehörgang vordringen können, sollten sie durch den Tierarzt entfernt werden.
Herzanfall	Meist deutlich als solcher erkennbar. Oft bei hohen Temperaturen nach körperlicher Betätigung besonders bei älteren Hunden oder kurzköpfigen Rassen.	Legen Sie den Hund mit gestrecktem Kopf und Hals auf die rechte Seite, und sorgen Sie durch Öffnen von Fenstern und Türen für möglichst viel frische Luft. Bei Blaufärbung der Zunge oder Atemstillstand sofort eine kräftige Herzmassage einleiten. Unverzüglich einen Tierarzt rufen.
Hinken	–	Hinken kann durch einen in die Pfote eingetretenen Fremdkörper, eine Schnittverletzung, einen Muskelfaser- oder Bänderriß verursacht werden, bei älteren Hunden auch durch Arthritis oder Rheuma. Sorgen Sie dafür, daß sich der Hund wenig bewegt, bis er vom Arzt untersucht wurde.
Hitzschlag	Der Hund ringt nach Luft und leidet sichtlich.	Halter der für einen Hitzschlag besonders anfälligen kurzköpfigen Hunderassen sollten niemals ohne feuchte Handtücher und einen Vorrat an Eiswasser verreisen. Mit dem Wasser wird im Bedarfsfall der Kopf des Hundes gekühlt.

BEFUND	SYMPTOM	ABHILFE
Inkontinenz	Der Hund erleichtert sich außerhalb der gewohnten Zeitspanne.	Inkontinenz ist beim älteren Hund meist ein Zeichen für eine nachlassende Nierenfunktion. Eine medikamentöse Behandlung ist möglich.
Knochenbruch	–	Unverzüglich einen Tierarzt hinzuziehen. Dem Hund nichts einflößen, ihn möglichst wenig bewegen; die gebrochenen Gliedmaße ruhigstellen.
Kreislaufkollaps	Der (schwer atmende) Hund liegt auf dem Bauch und weigert sich hartnäckig aufzustehen.	Möglichst rasch tierärztlichen Rat einholen. Zwischenzeitlich den Patienten auf eine geeignete Matratze oder Decke verlagern und warmhalten. Den Fang in einer Zuckerlösung baden, den Hund aber nicht zum Schlucken zwingen. Das Tier nicht länger als 20 Minuten auf der gleichen Seite liegen lassen.
Mundgeruch	Siehe unter »Würmer« (Magenverstimmung ebenfalls möglich).	Medikamentöse Behandlung. Manchmal hilft bereits das Entfernen von Zahnstein.
Ohrenzwang	Ständiges Schütteln des Kopfes und Reiben gegen Boden oder Möbel.	Ohrenzwang ist die Bezeichnung für eine chronische Entzündung des äußeren Ohrs, die durch eine von Schmutz oder Milben bewirkte Ansammlung von Ohrschmalz entsteht und gelegentlich erst durch ihren unangenehmen Geruch auffällt. Die Ursache sollten Sie von Ihrem Tierarzt abklären lassen, bevor Sie zu einem medizinischen Präparat greifen. Möglicherweise reicht bereits warmes Olivenöl.
Räude	Juckreiz und Haarausfall. Unansehnliche wenig behaarte Stellen.	Räude wird durch Milben verursacht, die auf der Haut des Hundes nisten. Man unterscheidet Haarbalg-, Grab- und Ohrmilben. Die Räude ist eine ansteckende, auch auf den Menschen übertragbare Krankheit (Krätze). Gründlich die Hände waschen, nachdem Sie dem Hund eine Salbe verabreicht haben!
Schock	Hund benimmt sich auffällig, irritiert oder verwirrt. Oft auch Bewußtlosigkeit.	Suchen Sie mit dem Patienten so rasch wie möglich einen Tierarzt auf. Einem bewußtlosen Hund niemals etwas einflößen – sonst droht der Erstickungstod!
Temperatur	–	Die Körpertemperatur des Hundes läßt sich am zuverlässigsten ermitteln, indem Sie das Thermometer etwa 5 cm weit in den After einführen. Die normale Körpertemperatur des Hundes beträgt 38,9 ˚C.
Vergiftung	Plötzliches akutes Unwohlsein, Würgen, Speicheln, Erbrechen, Entkräftung oder heftige Zuckungen.	Die Palette der möglichen Giftstoffe reicht vom Haushaltsreiniger bis zum Bleischrot. Die oberste Devise in solchen Fällen lautet, keine Zeit mit Experimenten verschwenden und schnellstmöglich einen Tierarzt aufsuchen. Für den Notfall: Falls Sie wissen, welcher Giftstoff vom Hund verschluckt wurde, bringen Sie den Hund durch Einflößen einer Salzlösung zum Erbrechen (ein Teelöffel Salz in einem Glas Wasser bei einem Hund mittlerer Größe), bei Aufnahme ätzender Substanzen durch Einflößen von Milch. Dies in keinem Fall nochmals wiederholen!
Verkehrsunfall	–	Halten Sie den Hund falls notwendig unter Kontrolle, und begeben Sie sich mit ihm zum Straßenrand. Gehen Sie vorsichtig mit verletzten Gliedmaßen um. Blutungen können Sie mit einer möglichst sterilen Kompresse stillen. Halten Sie den Hund bis zum Eintreffen des Tierarztes warm, und sorgen Sie für eine bequeme Lage.
Würmer	Mundgeruch, schlechter Fellzustand, unersättlicher Appetit, Rutschen auf dem Hinterteil, unerklärliche Abmagerung oder Dickbäuchigkeit.	Würmer zählen zu den Innenparasiten. Man unterscheidet u.a. Spul-, Haken-, Band-, Magen- und Herzwürmer. Der am weitesten verbreitete Vertreter ist der Hundespulwurm Toxocara canis, der vornehmlich bei Welpen und Hündinnen vor und nach der Geburt feststellbar ist. In diesen Fällen werden oftmals Wurmkuren empfohlen, die in 14tägigen Abständen erfolgen – im Gegensatz zu den sonst üblichen drei- bis sechsmonatigen Intervallen.
Zwingerhusten	Hartnäckiger Husten, meist nach zeitweiliger Unterbringung in einer Hundepension.	Vorbeugen ist besser als Heilen, zumal die Möglichkeit besteht, den Hund mit Hilfe eines speziellen Applikators durch intranasale Verabreichung einer kleinen Medikamentendosis zu »impfen«. Bei bereits bestehender Erkrankung kommen Antibiotika zum Einsatz.

KASTRATION – JA ODER NEIN?

Hündinnen werden zweimal im Jahr läufig. Dies geschieht erstmalig im Alter von etwa sechs Monaten und dauert durchschnittlich drei Wochen.

Läufige Hündinnen sind für Rüden überaus attraktiv. Die eigentliche Paarungsbereitschaft der Hündin besteht jedoch nur zwischen dem zehnten und zwölften Tag (Schwankungen von einigen Tagen in beide Richtungen sind möglich), nachdem sie Farbe gezeigt hat. Nun verwandelt sich die sonst eher ruhige Hündin in eine wahre Sexfurie, die sich aller Regeln der Kunst bedienen wird, um auszubüchsen und einen Rüden –

MILLIONEN HEIMATLOSE

Man schätzt, daß in den USA stündlich ungefähr 10000 Hunde und Katzen geboren werden. Das enorme Ausmaß dieser Problematik veranschaulicht die amerikanische Tierschutzgesellschaft ASPCA wie folgt: »Selbst wenn jede Familie eines dieser Tiere aufnähme, wäre jeder US-Haushalt innerhalb von drei Jahren versorgt.«

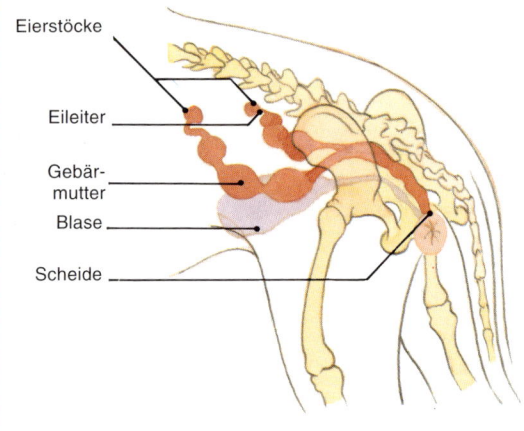

Eierstöcke

Eileiter

Gebär-
mutter

Blase

Scheide

gleich welcher Rasse – zu finden, während der Anblick hündischer Verehrer, die das Haus umlagern, ihren Halter schier zur Verzweiflung bringen kann.

Verantwortungsvolle Besitzer sorgen dafür, daß die heiße Hündin strikt von ihren männlichen Bewunderern getrennt wird, es sei denn, eine Verpaarung wäre beabsichtigt. Wer eine unkastrierte Hündin halten will, muß sich bewußt sein, welch äußerste Wachsamkeit dies voraussetzt.

KASTRATION

Die Kastration der Hündin besteht aus einer operativen Entfernung der Reproduktionsorgane. Kastrierte Hündinnen werden nicht mehr läufig und können auch keine Scheinschwangerschaft haben. Kastration ist ein logischer Schritt, falls Sie nicht mit Ihrer Hündin züchten wollen und sie während dieser Phase nur schwer zu bändigen ist.

Sofern Ihre Hündin nicht über besonders gute Anlagen verfügt und sich möglicherweise eine Nachfrage nach ihren Abkömmlingen abzeichnet, sei daran erinnert, wie viele unerwünschte Welpen es bereits gibt, die dazu verurteilt sind, die große Zahl der Streuner weiter zu vermehren.

Die Entscheidung für eine Kastration bedarf reiflicher Überlegung, zumal sie sich nicht wieder rückgängig machen läßt.

Die seltenere Kastration des Rüden wird von Tierärzten besonders bei aggressiven, übereifrigen oder mit Hündinnen zusammenlebenden Rüden gelegentlich empfohlen.

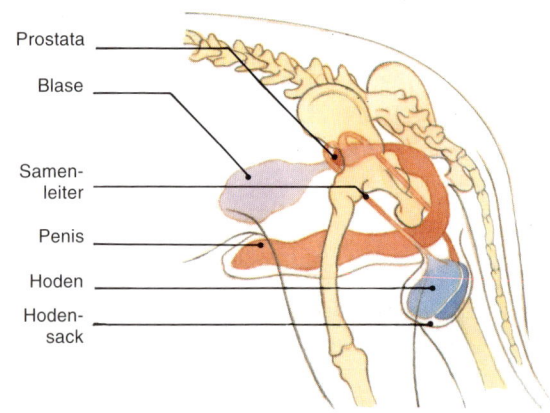

Prostata

Blase

Samen-
leiter

Penis

Hoden

Hoden-
sack

Oben links: Die Kastration besteht aus der Entfernung der Reproduktionsorgane. Zur Empfängnisverhütung erfolgt als gängige Alternative auch die Gabe des Hormons Progesteron.

Unten links: Die Kastration des Rüden wird nicht besonders oft durchgeführt. Einige Besitzer greifen eher vorschnell zu dieser Maßnahme, wenn ihr Hund die ersten Zeichen der Sexualität zeigt.

TIPS FÜR DIE HUNDEZUCHT

Wer beabsichtigt, Hunde zu züchten, um eine schnelle Mark zu machen, sollte unbedingt die Finger davon lassen. Nur sehr wenige Menschen können ausschließlich von Hundezucht leben. Oftmals sind die Züchter Personen, die auf langjährige Ausstellungserfahrungen zurückblicken können, sich auf bestimmte Rassen spezialisiert haben und nicht jede Mode mitmachen.

Hundezucht wird meist hobbymäßig von Ausstellern betrieben, die danach streben, einen idealen Vertreter ihrer Rasse hervorzubringen. Sie sind bereits zufrieden, wenn sie durch den Verkauf ihrer Welpen die Ausgaben für tierärztliche Behandlungen, Anmeldegebühren und die oft nicht unerheblichen Reisekosten decken können. In der Ausstellungssaison gibt es nur wenige Wochenenden, an denen eingefleischte Aussteller nicht bereits frühmorgens unterwegs sind, während andere noch genüßlich vor sich hin dösen.

ÜBERZEUGTE ZÜCHTER

Falls Sie jedoch zur Hundezucht entschlossen sind, sollten Sie in die beste Hündin investieren, die Sie sich leisten können. Geben Sie sich nicht mit einer Rassehündin mit »Haushundqualitäten« zufrieden. Schauen Sie nicht auf jede Mark, und warten Sie den rechten Zeitpunkt ab, um eine vielversprechende Junghündin aus einer siegreichen Linie zu erwerben und sie mit einem Rüden zu verpaaren, der seine Qualitäten im Ausstellungsring unter Beweis gestellt hat. Ein geeigneter weiblicher Welpe aus dem ersten oder zweiten Wurf kann den nächsten Schritt Ihrer weiteren züchterischen Aktivitäten bilden.

TIPS FÜR ZÜCHTER

• *Kleinhunde haben meist kleine Würfe mit etwa vier Welpen im Gegensatz zu den sieben oder mehr Welpen von größeren Rassen wie Irish Setter und Golden Retriever. Hierfür gibt es jedoch keine unumstößlichen Regeln.*
• *Unerfahrene Züchter sollten sich keinesfalls mit großköpfigen Rassen (wie Französische Bulldogge, Pekinese und Boston Terrier) befassen, bei denen Entbindungen per Kaiserschnitt besonders häufig sind.*
• *Golden Retriever, West Highland White Terrier und Cavalier King Charles Spaniel sind Rassen, die in England besonders gern von aufstrebenden Züchtern gewählt werden.*

Diese Rhodesian Ridgebacks vereinigen die besten Qualitäten zahlreicher europäischer Rassen mit denen des Jagdhundes der Hottentotten. Man beachte den eigentümlichen Gratrücken (»Rückenbürste«), dem der Hund seinen Namen verdankt.

1. Die paarungsbereite Hündin wird dem Zuchtrüden zugeführt. Falls es die Zeit zuläßt, ist es hilfreich, wenn sich beide vor der Paarung ausgiebig miteinander bekanntmachen können.

2. Der Paarungsvorgang bedarf gelegentlich menschlicher Hilfestellung. Bei großen Hunden unterstützt eine Person die Hündin mit dem Knie und führt den Hund, während die Hündin von ihrem Besitzer fest gehalten wird. Bei kleinen Rassen wird eine größere Zuchthündin bevorzugt.

3. Den Abschluß der Paarung bildet das »Hängen«, das über viele Minuten anhalten kann.

TRÄCHTIGKEIT UND GEBURT

Es ist nicht einfach, in den ersten Wochen nach der Paarung zu ermitteln, ob die Hündin tatsächlich trächtig ist. Auch Tierärzte können kaum Feten ertasten, die weniger als vier Wochen alt sind.

Trägt eine trächtige Hündin ihren Nachwuchs anfangs hoch im Brustkorb, so werden etwa ab der fünften Woche bestimmte Veränderungen sichtbar: Das Gesäuge vergrößert sich und nimmt eine rosa Färbung an, die Hündin entwickelt oft einen Heißhunger und macht einen anhänglicheren Eindruck.

In dieser Phase sollte man die Futterration (sie sollte hauptsächlich Eiweiß enthalten) um ein Drittel erhöhen. Stärkehaltige Nahrung würde zu übermäßiger Gewichtszunahme führen. Tägliche Bewegung sollte so lange wie es geht gefördert werden. Es kommt der

Hündin zugute, wenn sie ihre Muskulatur betätigen kann. Maßvolle Bewegung nach der Geburt unterstützt den Wiedergewinn der gewohnten Figur.

In der siebten Trächtigkeitswoche sinken die Feten in den unteren Bauchraum. Diese Einengung kann bei der Hündin zu vermindertem Appetit führen. Die Verteilung der Futterration auf drei oder vier kleinere Tagesmahlzeiten ist hilfreich. Sehen Sie es Ihrer Hündin nach, wenn sie – ebenfalls bedingt durch den Druck im Bauchraum – ihre sonst untadeligen Toilettengewohnheiten vernachlässigt. Nach der Geburt normalisiert sich dies wieder.

DIE WURFKISTE

Wenn Welpen das Licht der Welt erblicken, so geschieht dies aus einer weit über Zimmertemperatur liegenden Umgebung. Daher sollte die mit Zeitungspapier ausgekleidete Wurfkiste an einem gleichmäßig warmen Ort aufgestellt werden.

Vor allem bei Kleinhunden muß die Zimmertemperatur zum Zeitpunkt der Geburt etwa 27 ˚C betragen und darf in den ersten drei Lebenswochen nicht unter 21 ˚C sinken.

Deutsche Doggen benötigen viel Wärme. Sie werden trotz ihrer Größe oft in einer gemütlichen Küchenecke aufgezogen. Vor der Anschaffung sollte man die beträchtlichen Futterkosten berücksichtigen.

CHECKLISTE

Was bei der Geburtsüberwachung benötigt wird:

- *abwaschbare Unterlage, vorzugsweise aus synthetischem Schafswollimitat*
- *Zeitungspapier*
- *Rolle Haushaltspapier*
- *Schere*
- *Watte*
- *Fläschchen (für eventuelle Handaufzucht)*
- *Handtuch*
- *Uhr (für die Messung der Wehen)*
- *Stift und Schreibpapier*
- *Rufnummer des Tierarztes*

Hinweis: Zwischen der Geburt des ersten und des zweiten Welpen vergehen 20 bis 40, danach durchschnittlich 30 Minuten. Falls drei Stunden nach Einsetzen der Wehen noch nicht alle Welpen da sind oder die Hündin unruhig wird, rufen Sie sofort Ihren Tierarzt. Ihn sollten Sie am besten schon vorher über die anstehende Geburt informieren.

ENTWÖHNUNG UND ABGABE

Die Welpen werden in den ersten vier Wochen von ihrer Mutter gesäugt und saubergehalten. Spätestens nach einem Monat jedoch – bei weniger mütterlich veranlagten Tieren manchmal auch früher – möchte die Hündin zu ihrer gewohnten Lebensweise zurückkehren. Sie hat ihre Aufgabe erledigt, und nun sind Sie an der Reihe.

Sie können die Entwöhnung unterstützen, indem Sie die Hündin einige Stunden täglich von den Welpen fernhalten, bis sie schließlich nur noch die Nächte mit ihrem Nachwuchs verbringt.

Obwohl die Welpen bis zum Alter von sechs Wochen völlig unabhängig sein dürften, sollten sie frühestens mit acht, spätestens mit zehn Wochen ein neues Zuhause finden.

Die im Handel erhältliche Welpennahrung erleichtert die Entwöhnung beträchtlich. Auch eine beliebige Babynahrung auf Milchgrundlage plus Glukose eignet sich hervorragend, um die Welpen zum Aufschlecken ihrer Nahrung zu bewegen. Tauchen Sie einen Finger in den gefüllten Napf, und lassen Sie ihn von den Welpen ablecken.

Empfehlenswert sind auch aus Magermilch hergestellte Fertigprodukte, die der Milch der Hündin weitgehend ähneln. Sie eignen sich auch zur Versorgung der trächtigen Hündin.

Sobald die Welpen ihre Milchmahlzeiten annehmen, können diese durch mageres (rohes, besser aber noch leicht gekochtes) Rinderhack ergänzt werden. Sorgen Sie dafür, daß Ihre Welpen sich an je zwei Milch- und Fleischmahlzeiten pro Tag gewöhnt haben, bevor Sie sie abgeben.

Es ist nicht immer einfach, ein geeignetes neues Zuhause für die Welpen zu finden. Am aussichtsreichsten ist der Versuch, bereits vor der Geburt über Zuchtverein, Fachzeitschriften oder den behandelnden Tierarzt Interessenten zu finden – vielleicht jemanden, der gerade seinen langjährigen Begleiter verloren hat.

Vergessen Sie nicht, den neuen Besitzern einen Fütterungsplan und die Ahnentafel auszuhändigen – vielleicht auch die schriftliche Bitte, den Welpen bei mangelnder Eignung zurückzugeben. Dies wäre immer noch besser, als wenn der Welpe in einem Tierheim landen würde. Teilen Sie dem Käufer auch die Daten der erfolgten Entwurmung mit, und überreichen Sie ihm den Impfnachweis.

Es gibt Züchter, die sich für die ersten Lebensmonate der Welpen gegen tierärztliche Behandlungskosten versichern lassen. Der Käufer sollte alle entsprechenden Informationen erhalten, um Ansprüche geltend machen und eine solche Versicherung eventuell verlängern zu können.

Links: Irish Setter haben oft zahlreichen Nachwuchs. Vor Abgabe der Welpen hat der Züchter dafür zu sorgen, daß sie Milch- und Fleischmahlzeiten annehmen.

Oben: Der kräftigste Welpe wird stets versuchen, sich den Löwenanteil zu sichern. Stellen Sie unbedingt sicher, daß niemand zu kurz kommt.

ENTWURMUNG TUT NOT

Welpen müssen im Alter von fünf und von sieben Wochen, ausgewachsene Hunde in halbjährlichen Abständen einer Wurmkur unterzogen werden.

LEBENSERWARTUNG

Hunde machen leider keine Ausnahme in puncto Lebenserwartung, denn sie können ebenso rasch krank werden oder plötzlich durch einen Unfall sterben wie der Mensch. Außerdem werden, ebenfalls wie beim Menschen, nicht alle Geschwister gleich alt. Manche haben eine lange, andere eine kurze Lebensspanne.

Die durchschnittliche Lebenserwartung des Hundes beträgt heute etwa zwölf Jahre. Unabhängig von rassebedingten Unterschieden verdanken zahlreiche Hunde vor allem den Fortschritten der Tiermedizin ein längeres Leben.

Deutsche Dogge und Englische Bulldogge werden selten älter als sieben bis neun Jahre. Etwa die doppelte Lebenserwartung haben Rassen wie Pudel, Yorkshire Terrier, Chihuahua, Schipperke und kleine Terrier.

Sehr häufig wird ein Hund, dessen Eltern und Großeltern ein sehr hohes Alter erreichten, ebenfalls überdurchschnittlich alt.

ÄLTESTER BLINDENHUND

Als Blindenhund mit der längsten »Dienstzeit« gilt in Großbritannien Emma, ein Labrador Retriever. Die Hündin gehörte der Bestsellerautorin Sheila Hocken aus Stapleford, Nottinghamshire.

Emma hatte bereits elf Jahre lang treu ihren Dienst versehen, als ihre blind geborene Besitzerin durch eine Operation plötzlich das Augenlicht erhielt. Bald darauf erkrankte jedoch Emma an grauem Star, und als ihre Sehkraft zunehmend nachließ, tauschten beide die Rollen.

Emma starb im November 1981 im hohen Alter von 17 Jahren als ältester je registrierter Blindenhund.

Links: Die Englische Bulldogge ist ein hervorragender Gefährte, wird aber kaum älter als acht bis neun Jahre. Lange Spaziergänge bei hohen Temperaturen sind tabu.

Unten: Der muntere Yorkshire Terrier kann mehr als zehn Jahre alt werden. Dieses Prachtexemplar erweckt den Anschein, als sei es noch nie mit Staub und Dreck in Berührung gekommen.

BEHAGLICHKEIT

• Ältere Hunde wie auch ältere Menschen sind kälteempfindlich und bedürfen einer warmen Umgebung.
• Für Kleinhunde und Kurzhaarrassen empfiehlt sich beim winterlichen Gassigehen das Umlegen eines Mäntelchens.

PFLEGE DES ÄLTEREN HUNDES

Die wichtigsten Organerkrankungen des älteren Hundes betreffen Herz, Nieren und Leber.

Dank der tierärztlichen Künste, die sich im 20. Jahrhundert herausgebildet haben, besteht kein Grund zu der Befürchtung, daß ein zu kränkeln beginnender älterer Hund bald sterben müsse. Wichtig für eine erfolgreiche Behandlung ist aber, daß sämtliche Schwächungen rechtzeitig entdeckt werden.

Gehör und Sehkraft des Hundes beispielsweise können ab dem achten Lebensjahr nachlassen. Daher sind regelmäßige tierärztliche Untersuchungen ab diesem Alter notwendig.

Bei einem schwachen Husten, den man leicht überhört, könnte es sich um ein frühes Symptom einer Herzerkrankung handeln, die – rechtzeitig erkannt und behandelt – ohne Folgen bleibt.

Größere Umstellungen, nur weil der Hund alt wird, sind nicht vonnöten. Halten Sie an den planmäßigen täglichen Spaziergängen mit Ihrem Hund fest, doch verkürzen Sie deren Dauer. Auch die Aufteilung der täglichen Futterration auf zwei kleinere Mahlzeiten kann dem Hund entgegenkommen.

Die Versorgung des älteren Hundes ähnelt in gewisser Weise der des Welpen. Zwar ist ein Hund immer auf seinen Halter angewiesen, doch die in der Welpenzeit bestehende Abhängigkeit bildet sich im höheren Alter erneut stärker aus.

Hunde sind älteren Menschen oftmals eine große Stütze im Leben. Häufig halten sie gleichsam die Verbindung mit dem verstorbenen Lebenspartner aufrecht.

Ältere Hunde gelangen in den Genuß eines möglichst langen Lebens, wenn sie dem Tierarzt ab dem achten Lebensjahr regelmäßig vorgestellt werden.

ZUSAMMEN ALT WERDEN

- *Sollte der ältere Mensch einen Hund halten? Und wenn er vor ihm stirbt? Diese Fragen stellen sich häufig vor allem bei älteren, alleinlebenden Menschen, die sich nach der Gesellschaft eines Hundes sehnen.*
- *Eine gebrechliche, ältere Person wäre selbstverständlich mit der Anschaffung eines großen, kräftigen Hundes schlecht beraten.*

Es besteht aber kein Hinderungsgrund für die Haltung eines ruhigen Kleinhundes, solange für dessen Verbleib nach dem vorzeitigen Ableben seines Besitzers gesorgt ist.

- *Erkundigen Sie sich bereits beim Kauf, ob der Züchter bereit ist, den Hund später zurückzunehmen. Oft kann er Ihnen entsprechende Organisationen nennen, die sich als Gegenleistung für eine bereits zu Lebzeiten erfolgte Mitgliedschaft oder ein Vermächtnis weiter um den Hund kümmern.*

HUNDERASSEN DER WELT

Seit den Anfängen der Domestizierung wurden Hunde vom Menschen für Zwecke wie Jagen, Hüten oder auch Wachen gezüchtet. In jüngerer Vergangenheit wurden die Aufgaben der Hunde zunehmend spezieller, was zu einer großen Vielfalt der heute anerkannten Rassen führte.

Die nachstehende Liste der international anerkannten Hunderassen stellt lediglich eine kleine Auswahl dar. Die Zuordnung des Herkunftslandes gestaltet sich nicht immer einheitlich.

AFGHANISTAN
• Afghanischer Windhund

AUSTRALIEN
• Australian Cattle Dog
• Australian Kelpie
• Australian Silky Terrier
• Australian Terrier

ÖSTERREICH
• Alpenländ. Dachsbracke
• Österr. Glatthaar. Bracke
• Österr. Kurzhaar. Pinscher
• Tiroler Bracke

BELGIEN
• Belgischer Griffon
• Belgischer Schäferhund (Groenendael/Laekenois/ Malinois/Tervueren)
• Bouvier des Ardennes
• Bouvier des Flandres (Belgien/Frankreich)
• Brüsseler Griffon
• Hubertushund
• Schipperke

BRASILIEN
• Fila Brasileiro

KANADA
• Neufundländer
• Nova Scotia Duck
• Tolling Retriever

CHINA
• Chow Chow
• Pekinese
• Shar-Pei

KUBA
• Bichon havanais

TSCHECH. REPUBLIK
• Slovensky Kopov
• Slowakischer Rauhbart
• Tschechischer Wolfshund
• Tschechischer Terrier

DÄNEMARK
• Gammel Dansk Hønsehund

ÄGYPTEN/ARABIEN
• Pharaonenhund
• Saluki
• Sloughi

FINNLAND
• Finnenspitz
• Finnischer Laufhund
• Karelischer Bärenhund
• Lapinporokoira

FRANKREICH
• Ariegeois
• Barbet
• Basset artesien normand
• Basset bleu de Gascogne
• Basset d'Artois
• Basset fauve de Bretagne
• Beagle Harrier
• Berger de Beauce
• Berger de Brie
• Berger des Pyrénées
• Berger des Pyrénées à face rase
• Berger Picard
• Bichon à poil frisé
• Billy
• Bordeaux-Dogge
• Bouledogue français
• Braque d'Auvergne
• Braque de l'Ariege
• Braque du Bourbonnais
• Braque Dupuy
• Braque français type Gascogne
• Braque Saint Germain
• Briquet griffon vendéen
• Caniche (Pudel)
• Chien d'Artois
• Epagneul bleu de Picardie
• Epagneul breton
• Epagneul français
• Epagneul nain continental
• Epagneul picard
• Français blanc et noir
• Français blanc et orange
• Français tricolore
• Grand anglo-français blanc et noir
• Grand anglo-français blanc et orange
• Grand anglo-français tricolore
• Grand bleu de Gascogne
• Grand griffon vendéen
• Griffon à poil laineux
• Griffon d'arrêt à poil dur
• Griffon de Gascogne
• Griffon fauve de Bretagne
• Griffon nivernais
• Petit basset griffon vendéen
• Petit bleu de Gascogne
• Petit brabançon
• Petit chien lion
• Petit gascon saintongeois
• Poitevin
• Porcelaine

DEUTSCHLAND
• Affenpinscher
• Bayerischer Gebirgsschweißhund
• Dachshund
• Deutsche Bracke
• Deutsche Dogge
• Deutscher Boxer
• Deutscher Jagdterrier
• Deutscher Kurzhaariger Vorstehhund
• Deutscher Langhaariger Vorstehhund
• Deutscher Schäferhund
• Deutscher Spitz
• Deutscher Wachtelhund
• Dobermann
• Hovawart
• Kromfohrländer
• Leonberger
• Pinscher
• Pudelpointer
• Riesenschnauzer
• Rottweiler
• Schnauzer
• Weimaraner
• Westfälische Dachsbracke
• Zwergpinscher
• Zwergschnauzer

GRÖNLAND/NÖRDL. POLARKREIS
• Grönlandshund
• Samojede

NIEDERLANDE
• Drentsche Patrijshond
• Hollandse Herdershond
• Hollandse Smoushond
• Kooikerhondje
• Saarloos Wolfhond
• Schapendoes
• Stabyhoun
• Wetterhon

UNGARN
• Komondor
• Kuvasz
• Mudi
• Puli
• Pumi
• Magyar Viszla
• Magyar Agar
• Transsilvanischer Hund
• Ungarischer Greyhound

ISRAEL
• Canaan Dog

ITALIEN
• Bolognese
• Cane da pastore bergamasco
• Cane da pastore maremmano-abruzzese
• Cirneco dell'Etna
• Italienischer Spitz
• Italienischer Setter
• Mastino napoletano
• Piccolo levriero italiano
• Spinone italiano
• Volpino italiano

JAPAN
• Akita Inu
• Hokkaido-Ken
• Japan Chin
• Japanischer Terrier
• Japan Spitz
• Shiba Inu
• Shikoku
• Tosa Inu

MEXIKO
• Chihuahua
• Xoloitzcuintli

MAROKKO
• Aidi

NORWEGEN
• Buhund
• Dunker

- Norfolk Terrier
- Norwich Terrier
- Scottish Terrier
- Sealyham Terrier
- Shetland Sheepdog
- Skye Terrier
- Soft-Coated Wheaten Terrier
- Staffordshire Bull Terrier
- Sussex Spaniel
- Welsh Corgi Cardigan
- Welsh Corgi Pembroke
- Welsh Springer Spaniel
- Welsh Terrier
- West Highland White Terrier
- Whippet
- Yorkshire Terrier

- Haldenstøver
- Hygenhund
- Lundehund
- Norwegischer Elchhund (grau)
- Norwegischer Elchhund (schwarz)

- Bernhardiner
- Entlebucher Sennenhund
- Großer Schweizer Sennenhund
- Schweizerischer Laufhund
- Schweizerischer Niederlaufhund

POLEN
- Ogar polski
- Polski owczarek nizinny
- Polski owczarek

PORTUGAL
- Caõ da Serra da Estrela
- Caõ da Serra da Aires
- Caõ de Agua
- Caõ de Castro Laboreiro
- Perdigueiro de Burgos
- Perdigueiro Portugues
- Podengo Portugues
- Rafeiro do Alentejo

RUSSLAND
- Barsoi

SÜDAFRIKA
- Rasenji
- Rhodesian Ridgeback

SPANIEN
- Ca de Bestiar
- Galgo Español
- Mastin de los Pirineos
- Mastin Español
- Perdiguero de Burgos
- Perro de Agua Español
- Perro de Presa Mallorquin
- Sabueso Español

SCHWEDEN
- Drever
- Hamilton Stoevare
- Jaemthund
- Norbottenspets
- Schillerstoevare
- Smaelandstoevare
- Svensk Lapphund
- Vaestgoetaspets

SCHWEIZ
- Appenzeller Sennenhund
- Berner Sennenhund

TIBET
- Lhasa Apso
- Shih Tzu
- Tibetan Mastiff
- Tibetan Spaniel
- Tibetan Terrier

GROSSRITANNIEN UND IRLAND
- Airedale Terrier
- Basset Hound
- Beagle
- Bearded Collie
- Bedlington Terrier
- Black and Tan Toy Terrier
- Bobtail
- Border Collie
- Border Terrier
- Bulldog
- Bullmastiff
- Bullterrier
- Cairn Terrier
- Cavalier King Charles Spaniel
- Clumber Spaniel
- Collie
- Curly-Coated Retriever
- Dandie Dinmont Terrier
- Deerhound
- English Cocker Spaniel
- English Foxhound
- English Pointer
- English Setter
- English Springer Spaniel
- Field Spaniel
- Flat-Coated Retriever
- Foxterrier
- Glen of Imaal Terrier
- Golden Retriever
- Gordon Setter
- Greyhound
- Harrier
- Irish Red and White Setter
- Irish Red Setter
- Irish Terrier
- Irish Water Spaniel
- Irish Wolfhound
- Jack Russel Terrier
- Kerry Blue Terrier
- King Charles Spaniel
- Labrador Retriever
- Lakeland Terrier
- Manchester Terrier
- Mastiff

USA
- Alaskan Malamute
- American Cocker
- American Foxhound
- American Water Spaniel
- Black And Tan Coonhound
- Boston Terrier
- Chesapeake Bay Retriever
- Otterhound
- Siberian Husky

EHEM. JUGOSLAWIEN
- Hrvatski ovčar
- Balkanski gonič
- Istarski kratkodlaki gonič
- Istarski ostrodlaki gonič
- Jugoslavenski ovčarski pas-sarplaninac
- Jugoslavenski planinski gonič
- Krazski ovčar
- Posavski gonič
- Sarplanicac

Einteilung in Gruppen

In Hinblick auf den Zweck, für den eine Hunderasse gezüchtet wird, erfolgt ihre Einteilung in eine bestimmte Eignungsgruppe. Diese Systematik ist jedoch leider weder international einheitlich noch für alle Zeiten gleich.

In Deutschland sind zehn Gruppen üblich: 1. Hüte- und Treibhunde, 2. Pinscher und Schnauzer, Molosser, Berghunde, Schweizer Sennenhunde, 3. Terrier, 4. Tekkel, 5. Nordische Schlitten-, Jagd-, Wach- und Hütehunde, europäische und asiatische Spitze, Urtyp, 6. Lauf- und Schweißhunde, 7. Vorstehhunde (Kontinentale, Britische, Irische), 8. Apportier-, Stöber und Wasserhunde, 9. Gesellschafts- und Begleithunde, 10. Windhunde.

Bereits anhand dieser Bezeichnungen wird man erkennen können, daß die nachfolgend dargestellte britische Kategorisierung teilweise erheblich anders gestaltet ist.

Links: Der belgische Schipperke diente den Seeleuten zur Bewachung ihrer Schiffe. Heute gibt er einen guten Haus- und Familienhund ab.

Oben: Der Lhasa Apso wurde zur Bewachung der Klöster in Tibet eingesetzt. In den Westen gelangte er erst in diesem Jahrhundert.

ALLGEMEINE GRUPPE

Diese Gruppe setzt sich aus Hunden zusammen, die keiner Kleinrasse angehören und nicht für einen bestimmten Einsatzzweck gezüchtet wurden. Man findet hier viele der traditionellen Streichelhunde wie auch neue Rassen und solche, die neu importiert wurden, aber noch nicht klassifiziert wurden.

Zahlreiche populäre Haushundrassen wie etwa Dalmatiner, Chow Chow, Schipperke, Shar-Pei und der Zwergschnauzer gehören ihr an. Allerdings ist die Zuordnung nicht allzeit gültig und kann sich bereits im nächsten Jahr ändern. Wer eine Hundeausstellung plant, muß sich notwendig mit den Hunden vertraut machen, die der »Allgemeinen Gruppe« angehören.

ALLGEMEINE GRUPPE
Akita Inu
Boston Terrier
Bouledogue français
Bulldog
Canaan Dog
Chow Chow
Dalmatiner
Deutscher Spitz (Klein)
Deutscher Spitz (Mittel)
Japan Spitz
Leonberger
Lhasa Apso
Pudel (Groß)
Pudel (Klein)
Pudel (Zwerg)
Schipperke
Schnauzer

Shar-Pei
Tibetan Spaniel
Tibetan Terrier
Zwergschnauzer

WACH- /HÜTEHUNDE
Alaskan Malamute
Anatolische Hütehunde
Australian Cattle Dogs
Bearded Collie
Belgischer Schäferhund (Groenendael)
Belgischer Schäferhund (Laekenois)
Belgischer Schäferhund (Malinois)
Belgischer Schäferhund (Tervueren)

Links: Der Fremden gegenüber mißtrauische Mastiff ist ein besitzertreuer Wachhund.

Unten: Der aus Schottland stammende Border Collie ist ein beliebter Hütehund und wird inzwischen überall auf der Welt für die Arbeit mit Schafherden eingesetzt.

Berger des Pyrénées	Hovawart
Berner Sennenhund	Komondor
Bernhardiner	Lancashire Heeler
Bobtail	Maremma Schäferhund
Border Collie	Mastiff
Bouvier des Flandres	Mastino napoletano
Boxer	Neufundländer
Briard	Pili
Buhund	Pinscher
Bullmastiff	Riesenschnauzer
Caõ de Agua	Rottweiler
Collie (Kurzhaar)	Samojede
Collie (Langhaar)	Shetland Sheepdog
Deutsche Dogge	Siberian Husky
Deutscher Schäferhund	Swedish Vallhund
(»Elsässer«)	Tibetan Mastiff
Dobermann	Welsh Corgi (Cardigan)
Eskimohund	Welsh Corgi (Pembroke)

GRUPPE DER WACH- UND HÜTEHUNDE

In dieser Gruppe sind jene Hunderassen versammelt, die ursprünglich als Wach- und Hütehunde gezüchtet wurden. So wundert es nicht, hier den Dobermann, Deutschen Schäferhund und Rottweiler anzutreffen oder Hütehunde wie den Border Collie oder Bobtail und andere in ihrer Heimat als Wach- und Schutzhunde gezüchtete Rassen.

Aus einigen der ursprünglich auf Schärfe angelegten Rassen wurden durch züchterische Bemühungen inzwischen sanftmütige Haushunde. Da die Instinkte jedoch nicht verlorengingen, ist dem Wohlbefinden und der Gesundheit dieser Hunde gedient, wenn sie reichlich Auslauf und eine bestimmte Aufgabe haben.

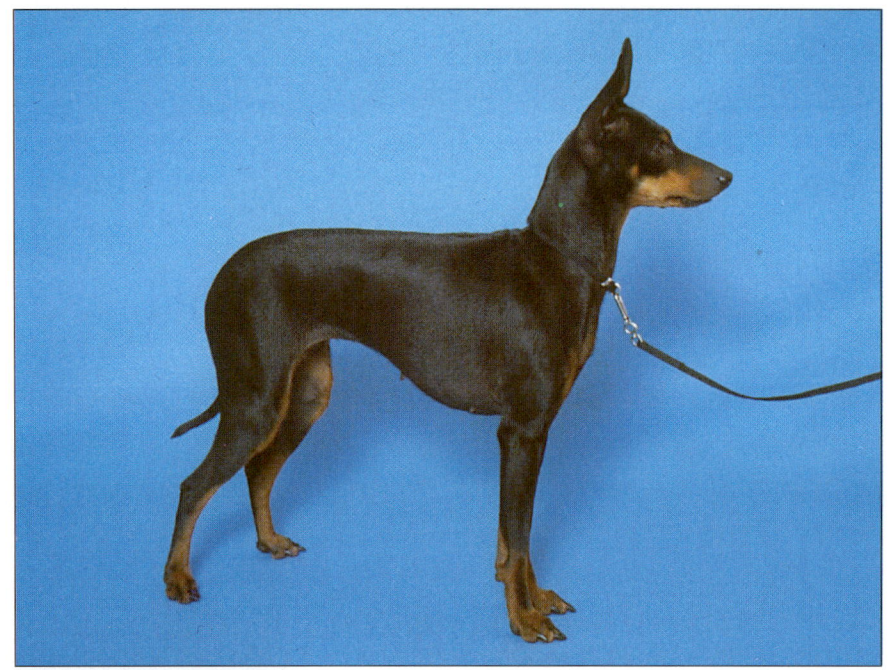

Rechts: Der heutzutage seltene English Toy Terrier ist eine verkleinerte Ausgabe des Manchester Terrier.

Unten: Der Bichon à poil frisé, im 16. und 17. Jahrhundert Liebling europäischer Fürstenhäuser, stammt vom Malteser Terrier ab. Der Hund brachte es später im Zirkus zu Erfolg.

GRUPPE DER ZWERGFORMEN

Diese Gruppe umfaßt jene Rassen, die allein als Zwergformen gezüchtet wurden, wie etwa die Schoßhunde. Den Uneingeweihten dürfte es hingegen überraschen, daß der Zwergpudel zusammen mit dem Klein- und dem Großpudel der »Allgemeinen Gruppe« zugeordnet wird, der quirlige Yorkshire Terrier jedoch der Gruppe der Zwergformen (im Gegensatz zu seinen größeren Terrierverwandten).

ZWERGFORMEN	Papillon
Affenpinscher	Pekinese
Australian Silky Terrier	Yorkshire Terrier
Bichon à poil frisé	Zwergpinscher
Brüsseler Griffon	Zwergspitz
Cavalier King Charles Spaniel	
Chihuahua (Kurzhaar)	
Chihuahua (Langhaar)	
Chinesischer Schopfhund	
English Toy Terrier (Black and tan)	
Italienisches Windspiel	
Japan Chin	
King Charles Spaniel	
Löwchen	
Malteser	
Mops	

Der kleinste Vertreter dieser Gruppe ist der Chihuahua mit einem Standardgewicht von bis zu 2,7 kg (vorzugsweise 1 bis 1,8 kg), gefolgt vom Yorkshire Terrier mit einem Idealgewicht von höchstens 3,1 kg. Es mag manchen Halter erleichtern, daß die hier genannten Gewichts- und vor allem die Größenangaben nur mehr erwünschte Standards verkörpern. Es gibt zahlreiche Hunde, die größer, kleiner schwerer oder leichter sind als die Standards es vorschreiben – und die dennoch gesund und munter sind.

Der schwerste Vertreter der Toy Group ist der Cavalier King Charles Spaniel mit einem – gut verteilten – Gewicht von 5,5 bis 8 kg.

Man sollte nicht der irrigen Annahme erliegen, diese Hunde seien nicht mehr als lebendes Inventar. Sie lieben vielmehr den Auslauf und geben ausgezeichnete kleine Wachhunde ab.

GRUPPE DER TERRIER

Diese Gruppe umfaßt verständlicherweise jene lebhaften Hunde, die vornehmlich zur Raubzeugvertilgung gezüchtet wurden. Trotz aller Anhänglichkeit kommt bei diesen Hunden immer wieder ihr Jagdinstinkt zum Vorschein, und auch gelegentlichen Raufereien gehen sie nicht aus dem Weg. Solche Hunde sind daher nicht eben ideal für ruhige, ältere Damen, wohl aber für den jüngeren oder junggebliebenen Halter.

Terrier gibt es in den unterschiedlichsten Größen. Einer der beliebtesten Vertreter ist der West Highland White Terrier mit einer Schulterhöhe von 28 cm. Am oberen Ende der Skala rangiert der Airedale Terrier mit einer Schulterhöhe von 58 bis 61 cm – die Hündin ist, wie in der Mehrzahl der Fälle, etwas kleiner.

Unten: Der sogenannte Bedlington Terrier, dessen Zucht im 18. Jahrhundert einsetzte, war ein vor allem bei Wildhütern sehr beliebter Raubzeugvertilger.

Ganz unten: Der Skye Terrier verkörpert eine sehr alte Rasse, die zur Entstehung zahlreicher schottischer Terrierrassen beitrug.

TERRIER
Airedale Terrier
Australian Terrier
Bedlington Terrier
Border Terrier
Bullterrier
Bullterrier (Klein)
Cairn Terrier
Dandie Dinmont Terrier
Foxterrier (Glatthaar)
Foxterrier (Rauhhaar)
Glen of Imaal Terrier
Irish Terrier
Kerry Blue Terrier
Norfolk Terrier
Norwich Terrier
Parson Jack Russel Terrier
Scottish Terrier
Sealyham Terrier
Skye Terrier
Soft-Coated Wheaten Terrier
Staffordshire Bullterrier
Welsh Terrier
West Highland White Terrier

Bullterrier und Staffordshire Bullterrier scheinen auf den ersten Blick nicht in diese Gruppe zu gehören. Einer der Vorfahren des Bullterrier war jedoch ein weißer Terrier; der »Staffy« wiederum geht auf Bulldoggen und Terrier zurück.

Der West Highland White Terrier wird häufig mit dem Scottish Terrier verwechselt, der früher unter dem Namen Aberdeen Terrier bekannt war.

GRUPPE DER JAGDHUNDE (I)

Diese Gruppe vereint verschiedene Hunderassen, die bei der Jagd auf Federwild und Wasservögel eingesetzt werden. Golden Retriever und Labrador Retriever sind Beispiele dafür, daß diese Rassen zugleich auch geeignete Begleit- und Haushunde verkörpern können. Die Palette reicht vom Cocker Spaniel bis zu den größeren Settern, Retrievern und Pointern.

Vorstehhunde (beispielsweise Pointer und Setter) besitzen die natürliche Veranlagung, in Lauerstellung zu verharren, sobald sie Wild wittern. Der Pointer deutet durch seine Körperhaltung in Richtung auf das Wild, und der Retriever apportiert erlegtes Wild zu Lande wie zu Wasser.

Der Spaniel hat die Aufgabe, Federwild in seinem Versteck aufzustöbern und aus der Deckung herauszutreiben. Es gibt jedoch auch Belege dafür, daß dieser äußerst vielseitige Hund bereits im 13. Jahrhundert zum Vorstehhund abgerichtet wurde.

Links: Die von spanischen Hunden abstammenden Spaniel dienen als Stöber- und Apportierhunde.

Oben: Dieser etwas schläfrige Pointer straft jene Wachsamkeit Lügen, die er als Vorstehhund an den Tag legt.

JAGDHUNDE I
American Cocker Spaniel
Chesapeake Bay Retriever
Clumber Spaniel
Cocker Spaniel
Curly-Coated Retriever
Deutsch-Drahthaar
Deutsch-Kurzhaar
Deutsch-Langhaar
English Setter
English Springer Spaniel
Field Spaniel
Flat-Coated Retriever
Golden Retriever
Gordon Setter
Großer Münsterländer Vorstehhund
Irish Red and White Setter
Irish Setter
Irish Water Spaniel
Labrador Retriever
Magyar Vizla
Pointer
Spinone italiano
Sussex Spaniel
Weimaraner
Welsh Springer Spaniel

GRUPPE DER JAGDHUNDE (II)

Geruchs- und Gesichtssinn werden von den einzelnen Jagdhunden in unterschiedlichem Maße eingesetzt. Beagle, Basset und Bloodhound sind Beispiele für Hunde, die sich vornehmlich auf ihre Nase verlassen. Afghane, Saluki und Greyhound indessen bedienen sich bei der Jagd in erster Linie ihres ausgezeichneten Sehvermögens.

Oben: Bassets werden heutzutage nur noch selten in einer Meute gehalten. Früher wurden sie bei der Jagd auf Hasen eingesetzt, die sie eher durch Ausdauer als durch Geschwindigkeit stellen konnten.

Links: Mit dem ungemein flinken Barsoi stellte man in Rußland früher auch dem Wolf nach. Ihrem Aussehen und der heutigen Verwendung entsprechend, zählt diese Rasse in Deutschland zur Gruppe der Windhunde.

JAGDHUNDE II	
Afghanischer Windhund	Elkhound
Barsoi	Finnenspitz
Basenji	Foxhound
Basset fauve de Bretagne	Greyhound
Basset Hound	Hamilton Stoevare
Beagle	Ibizan Hound
Bloodhound	Irish Wolfhound
Dachshund (Kurzhaar)	Otterhound
Dachshund (Langhaar)	Petit basset griffon vendéen
Dachshund (Rauhhaar)	Pharaonenhund
Dachshund (Zwergteckel, Kurzhaar)	Rhodesian Ridgeback
Dachshund (Zwergteckel, Langhaar)	Saluki
	Sloughi
Dachshund (Zwergteckel, Rauhhaar)	Whippet
Deerhound	

Die Gruppe der Jagdhunde (II) umfaßt solch verschiedene Rassen wie etwa Zwergteckel, Greyhound, Bloodhound und Whippet.

Mit Ausnahme der Foxhounds, die sich nur in der Meute richtig wohlfühlen, und vielleicht noch von Otterhound und Beagle, geben Jagdhunde im allgemeinen recht geeignete Haushunde ab.

Aufgrund ihres »Wandertriebs« benötigen diese Tiere jedoch einen großzügig bemessenen – und sicher umzäunten – Garten.

Vor allem die Bassets sind als Streuner bekannt. Man weiß von Besitzern zu berichten, die per Ferngespräch aufgefordert wurden, ihren Hund doch bitteschön abzuholen. In dieser Gruppe finden sich auch einige Rassen, die bereits unseren frühen Vorfahren als Jagdgehilfen dienten.

PUDEL

Der Glamour des Ausstellungspudels mit seiner eleganten Löwenschur überdeckt leicht die Vielseitigkeit diese Rasse. Pudel sind verspielte, überschwengliche und folgsame Hunde. Zudem sind sie intelligente und (besonders der Großpudel) robuste Begleiter sowie gute Apportierer.

Da Pudel ein hohes Nachahmungsvermögen und eine gute Auffassungsgabe besitzen, werden sie im Zirkus oft für Trickdarbietungen eingesetzt.

Der Pudel war ursprünglich ein Wasserhund und soll vom französischen Barbet mit seinem gekräuselten Wollfell und dem ungarischen Wasserhund abstammen. Der Pudel gilt offiziell als französische Züchtung.

Denkt man an das seit Jahrhunderten belegte Wort »pudeln« für »im Wasser plätschern«, käme auch Deutschland als Ursprungsland in Betracht. In Frankreich wird der Pudel als Caniche bezeichnet, das von »canard« (Ente) abgeleitet ist. – Pudel waren versierte Apportierhunde bei der Entenjagd.

Klein- und Zwergpudel stammen vom Großpudel ab; sie verfügen über königliche Verbindungen. »Boy«, während des englischen Bürgerkriegs (1642–1649) der ständige Gefährte von Prinz Rupert of the Rhine, verfügte angeblich über mystische Kräfte.

Ein Pamphlet, das in der Bodleian Library in Oxford aufbewahrt wird, beschreibt, daß Prinz Rupert sich während der Ratsdebatten des öfteren für ein Küßchen dem neben ihm auf einem Tisch sitzenden Hund zuwandte. »Boy« wurde 1644 in der Schlacht von Marston Moor getötet.

Zwergpudel

Charakter: Temperamentvoll und gutmütig.
Bewegung: Größenabhängig. Der Großpudel ist besonders lebhaft, während Klein- und Zwergpudel für den Stadtbewohner besser geeignet sind.
Pflege: Regelmäßige Schur. Für Ausstellungen ist die Löwenschur obligatorisch.
Futtermenge: Großpudel brauchen etwa 1 1/2 Dosen (à 400 g) Markenfleischnahrung plus Biskuits in gleicher Menge (Volumen); Klein- und Zwergpudel jeweils 1/4 bis 1/2 Dose.
Lebenserwartung: Erheblich älter als zehn Jahre.
Fehler: Zu dicht beieinanderstehende Augen, geringelte oder über dem Rücken getragene Rute.

Oben: Der Zwergpudel ist vom Großpudel abgeleitet. Dieses Exemplar zeigt die bei weißem oder cremefarbenem Fell wünschenswerte Schwarzfärbung von Nasenkuppe, Lefzen, Augenrand und Krallen .

Die französische Königin Marie Antoinette gilt als Erfinderin der berühmten Löwenschur, die sie passend zur Livree ihrer Dienerschaft entwarf.

Pudel sollten mandelförmige Augen haben; alle einheitlichen Fellfarben sind erlaubt. Bei weißen und bei cremefarbenen Tieren sollten Nasenkuppe, Lefzen und Augenrand schwarz sein; schwarze Krallen sind wünschenswert. Apricots sollten dunkle Augen mit schwarzen Abzeichen oder tief bernsteinfarbene Augen mit leberfarbenen Abzeichen haben. Nasenkuppe, Lefzen, Augenrand und Krallen von schwarzen, silbernen und blauen Pudeln sollten schwarz sein. Bei cremefarbenen, apricotfarbenen, braunen, silbernen und blauen Pudeln sind bis zum Alter von 18 Monaten entsprechende Farbabweichungen möglich. Die drei Pudelvarietäten unterscheiden sich allein in puncto Größe. Großpudel: Schulterhöhe über 38 cm. Kleinpudel: Schulterhöhe unter 38 cm, jedoch nicht unter 28 cm. Zwergpudel: Schulterhöhe unter 28 cm.

Unten: Groß- oder Königspudel. Im Gegensatz zu heute genoß der Pudel einst hohe Wertschätzung als Wasser- und Apportierhund.

Varietäten (von links nach rechts): Schwarz, Weiß, Apricot, Braun, Creme, Silber, Blau.

SHAR-PEI (CHINESISCHER KAMPFHUND)

Wurde der Shar-Pei vor nicht allzulanger Zeit noch im »Guiness Buch der Rekorde« als seltenster Hund der Welt aufgeführt, so verfügt er heute über eine wachsende Zahl von Liebhabern und ist zunehmend auf Ausstellungen vertreten.

Obwohl der Shar-Pei als Kampfhund gezüchtet wurde, ist er ein umgänglicher Hund, sofern er nicht provoziert wird. Man nimmt an, daß Drogen zur Förderung seiner Schärfe eingesetzt wurden. Die Kampferfolge des Shar-Pei verdanken sich jedoch weitgehend der Tatsache, daß es einem Widersacher schwerfällt, an den losen Hautfalten festen Griff zu finden.

Ebenbilder des Shar-Pei sind uns aus der Han-Dynastie (206 v. Chr. bis 220 n. Chr.) überliefert. Mögliche Entstehungsorte sind Tibet oder die nördlichen Provinzen Chinas vor etwa 2000 Jahren. Die Zukunft des Shar-Pei war gefährdet, als Hunde in der Volksrepublik China 1947 derart hoch besteuert wurden, daß sich nur noch wenige Leute ihre Haltung erlauben konnten. Glücklicherweise wurden einige hervorragende Exemplare aus China herausgeschmuggelt.

Der Shar-Pei, mit seinen Hautfalten dem Bloodhound nicht unähnlich, erreicht eine Schulterhöhe von 46 bis 51 cm und ein Gewicht von bis zu 22,5 kg. Einheitliche Fellfarben sind: Schwarz, Rot, hell oder dunkel Rehfarben sowie Creme.

KURZINFO

Charakter: Wachsam, aktiv, unabhängig und gelassen. Anhänglich und loyal.
Bewegung: Hoher Bewegungsbedarf.
Pflege: Recht steifborstige Bürste verwenden. Fell mit Handtuch oder Hundehandschuh abreiben.
Futtermenge: Etwa1 1/2 Dosen (à 400 g) Markenfleischnahrung plus Biskuits in gleicher Menge (Volumen). (Allgemeiner Hinweis: Falls Ihr Hund vom rassetypischen Normgewicht nach oben oder unten abweicht, konsultieren Sie Ihren Tierarzt.)
Lebenserwartung: Durchschnittlich.
Fehler: Sämtliche Anzeichen für eine Reizung von Augapfel, Bindehaut oder Augenlidern.

Varietäten (von oben nach unten): Rehfarben, Schwarz, Rot, Creme.

CHOW CHOW

Varietäten (von oben nach unten): Rehfarben, Schwarz, Creme, Rot, Weiß, Blau.

KURZINFO

Charakter: Fremden gegenüber reserviert.
Bewegung: Weiß reichlich Auslauf zu schätzen.
Pflege: Einige Minuten täglich mit Hilfe einer Drahtbürste. Pflege an den Wochenenden wirkt Wunder.
Futtermenge: Ungefähr 1 bis 1 1/2 Dosen (à 400 g) Markenfleischnahrung plus Biskuits in gleicher Menge (Volumen).
Lebenserwartung: Durchschnittlich.
Fehler: Jede künstliche Verkürzung des Fells, die die natürliche Kontur oder Wirkung verändert.

Der Chow Chow mit seiner charakteristischen blauen Zunge ist ein seit mehr als 2000 Jahren bekanntes, löwenähnliches Mitglied der Spitzfamilie. Als einer der ältesten Spitze stammt der Chow Chow möglicherweise von der Tibetdogge ab.

Der Chow Chow wird als Wach- und Jagdhund sehr geschätzt, wird aber auch als Zugtier eingesetzt. Sein Fleisch gilt im Fernen Osten leider immer noch als Delikatesse.

War der Chow Chow einst als Tartarenhund oder Hund der Barbaren bekannt, gilt er heute, eher unverdientermaßen, als unbändig und wild. Er weiß sich zwar seiner Haut zu wehren, wird aber kaum einmal einen Streit vom Zaun brechen.

Chow Chows mit ihrem einzigartigen Stelzgang gibt es mit schwarzem, rotem, blauem, rehfarbenem, cremefarbenem oder weißem Fell, das oft schattiert, jedoch nicht gefleckt oder mehrfarbig ist. (Unterseite der Rute und Rückseite der Hinterläufe sind oft heller gefärbt.) Die Schulterhöhe des Rüden beträgt 48 bis 56 cm, die der Hündin 46 bis 51 cm.

SCHNAUZER

Ähnlich dem Dalmatiner, Basenji und einigen anderen Rassen, verträgt sich der Schnauzer gut mit Pferden. Als in Mitteleuropa noch Postkutschen üblich waren, lief der Schnauzer neben den Pferden her und nächtigte an der Seite des Kutschers. Vom Militär wurde der Schnauzer als Botenhund eingesetzt. Der Mittelschnauzer ist ein versierter »Rattler«, und der Riesenschnauzer hat sich als Schutzhund bewährt. Die Hauptfunktion dieser attraktiven Rasse hat sich inzwischen weitgehend auf die eines amüsanten, intelligenten Begleithundes reduziert.

Der Zwergschnauzer ist aus der Kreuzung der kleinsten Schnauzer mit dem Affenpinscher hervorgegangen. Man nimmt an, daß der Schnauzer das Pro-

Reinschwarzer Riesenschnauzer. Einst als Hütehund eingesetzt, wird er heute als intelligenter, verspielter Begleithund geschätzt.

Mittelschnauzer

dukt einer Kreuzung von schwarzem deutschem Pudel und grauem Spitz ist.

Beim Riesenschnauzer beträgt die Schulterhöhe des Rüden 65 bis 70 cm, die der Hündin 60 bis 65 cm. Er wurde 1879 erstmals in Deutschland unter dem Namen »Rauhhaariger Pinscher« vorgestellt. Im Jahr 1910 wurde er als Münchner Schnauzer in das deutsche Zuchtbuch eingetragen und 1925 offiziell als Diensthundrasse anerkannt. Der Mittelschnauzer hat im Idealfall eine Schulterhöhe von 48,5 cm (Rüde) bzw. 45,5 cm (Hündin), der Zwergschnauzer entsprechend von 35,5 cm (Rüde) bzw. 33 cm (Hündin).

Schnauzer tauchten erstmals in Baden, Württemberg und Bayern auf. Auch in der nördlichen Schweiz und in Frankreich waren sie populär. Schnauzer leben lieber im Kreise der Familie als in einem Zwinger.

FARBEN UND ABZEICHEN

Farben: Reinschwarz (weiße Abzeichen auf Kopf, Brust und Läufen gelten als unerwünscht) oder Pfeffersalzschattierungen von dunklem Eisengrau bis Hellgrau. Zwergschnauzer in sämtlichen, gleichmäßig verteilten Pfeffersalzfarben, Reinschwarz oder Silberschwarz (einheitliches Schwarz mit silbernen Abzeichen auf Augenbrauen, Fang, Brust und Rippenpartie sowie auf den Vorderläufen unterhalb des Ellbogengelenks, innen an den Hinterläufen unterhalb des Kniegelenks, am After und unter der Rute).

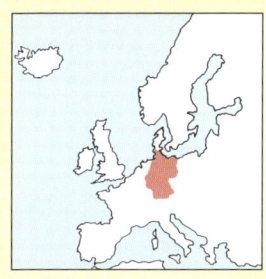

KURZINFO

Charakter: Robust, kinderlieb, verspielt, dabei jedoch ein zuverlässiger Wachhund.
Bewegung: Hat gern reichlich Auslauf. Folgt Pferden.
Pflege: Täglich, mit Hilfe einer Drahtbürste. Schnurrbart auskämmen. Fell muß zweimal jährlich gezupft werden.
Futtermenge: Zwergschnauzer: 1/2 bis 3/4 Dose (à 400 g). Mittelschnauzer: 1 bis 1 1/2 Dosen. Riesenschnauzer: wenigstens 2 1/2 Dosen Markenfleischnahrung plus Biskuits in gleicher Menge (Volumen).
Lebenserwartung: Hoch.
Fehler: Weiße Abzeichen auf Kopf, Brust und Beinen.

Varietäten (von links nach rechts): Schwarz, Dunkelgrau, Hellgrau, Silberschwarz.

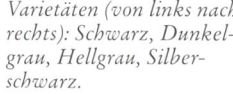

Die Zwergschnauzer entstanden durch Kreuzen von kleinen Schnauzern mit Affenpinschern. Sie sind nicht ganz so aggressiv als die beiden größeren Schnauzervarietäten.

FRANZÖSISCHE BULLDOGGE

Die Französische Bulldogge war lange für ihre Affinität zu Frauen berühmt. In der Tat kennt man zahlreiche Schauspielerinnen, Schriftstellerinnen und Modeschöpferinnen, die sich einen »Bully« hielten. Seine keinesfalls wenigen männlichen Freunde schätzen Geselligkeit und Machoimage dieses Hundes.

ÜBELLAUNIGKEIT

Der intelligente, anhängliche Hund kommt im allgemeinen gut mit anderen Haustieren aus. Man sollte ihn dennoch nicht herausfordern. Ein Wort des Tadels reicht indes bereits, damit er sich schmollend davonschleicht. Der »Bully« mag es nämlich ganz und gar nicht, in Ungnade zu fallen!

Die Französische Bulldogge ist ein idealer Begleit- und Ausstellungshund. Die Schulterhöhe beträgt etwa 30 bis 35 cm bei einem Gewicht von 12,5 kg (Rüde)

KURZINFO

Charakter: Voll des Mutes, jedoch mit clownesken Merkmalen. Anhänglich und intelligent.
Bewegung: Mäßig. Nicht bei sehr hohen Temperaturen.
Pflege: Täglich, mit einer recht harten Bürste. Fell mit Hundehandschuh abreiben. Gesichtsfalten eincremen.
Futtermenge: 3/4 Dose (à 400 g) Markenfleischnahrung plus Biskuits in gleicher Menge (Volumen).
Lebenserwartung: Kurz bis mäßig hoch.
Fehler: Beim Geradeausschauen wird das Weiß des Augapfels sichtbar.

bzw. 11 kg (Hündin). Der Ursprung dieser Rasse wird gemeinhin in Frankreich gesucht. Offenbar wurden Zwergbulldoggen, die im 19. Jahrhundert durch Spitzenklöppler vom englischen Nottingham nach Frankreich gebracht worden waren, mit aus Spanien eingeführten Hunden gekreuzt. Eine weitere der zahlreichen Erklärungen besagt, daß die Ursprünge dieser Rasse auf die Verpaarung einer kaum bekannten französischen Varietät mit aus Belgien importierten Hunden zurückgehen würden. Markenzeichen der Rasse sind jedenfalls ihre Fledermausohren und die kurze, unkupierte Korkenzieherrute. Die »Bullys« sind bei Haltern, Züchtern und Ausstellern zu Recht sehr beliebt. Varietäten sind: Gestromt, Gescheckt oder Rehfarben.

Varietäten (von links nach rechts): Rehfarben, Gestromt, Gescheckt.

DALMATINER

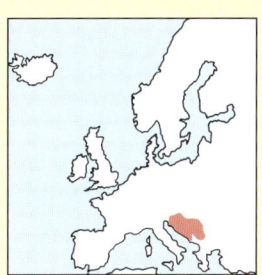

Varietäten: Leberfarben gefleckt (oben), Schwarz gefleckt (unten).

Häufig als Wagen- oder Kutschenhund eingesetzt, galt der Dalmatiner im England des 18. Jahrhunderts als eine Art Statussymbol. Seine Heimat ist das alte Jugoslawien, doch ist bereits auf Friesen, die in Griechenland und dem Mittleren Osten entdeckt wurden, ein ähnlicher Hund dargestellt.

ALLZWECKHUND

Obwohl der Dalmatiner als Kutschenhund, Rattler und Apportierhund vielseitig einsetzbar ist, schätzt man ihn heute vor allem als Begleithund.

Wichtig: Führen Sie beim Kauf eines Welpen einen Reaktionstest durch, indem Sie einen Schlüsselbund hinter dem Tier fallenlassen. Dalmatiner tendieren nämlich leider zur Taubheit. Die gewünschte Schulterhöhe des Dalmatiners beträgt 58 bis 61 cm (Rüde) bzw. 55 bis 58 cm.

Die Grundfarbe des Fells ist stets Reinweiß mit tiefschwarzen bzw. leberfarbenen Flecken. Diese müssen gut verteilt und rund sein und dürfen nicht ineinander verlaufen.

KURZINFO

Charakter: Freundlich und aufgeschlossen, ausdauernd.
Bewegung: Als ehemaliger »Kutschenhund« sehr bewegungsfreudig.
Pflege: Tägliches Bürsten und Abreiben mit einem Hundehandschuh. Pflegeleicht, doch bei Nachlässigkeit rieseln Unmengen weißer Haare auf den Teppich.
Futtermenge: 1 1/2 bis 2 Dosen (à 400 g) Markenfleischnahrung plus Biskuits in gleicher Menge (Volumen).
Lebenserwartung: Hoch.
Fehler: Unregelmäßige, dreifarbige oder limonenfarbene Flecken. Außerdem Braunanteil der Flecken beim ausgewachsenen Hund.

JAPAN SPITZ

Der Japan Spitz ist außerhalb seiner Heimat eine vergleichsweise neue Erscheinung. Seine Anhängerschaft wächst jedoch zusehends. Die Herkunft des Japan Spitzes erhellt sich, wenn man einen Blick auf seinen nahen Verwandten, den nordischen oder Norrbotten Spitz wirft, denn beide sind gleichen Ursprungs.

Der außerhalb seiner schwedischen Heimat kaum bekannte Norrbotten Spitz wurde 1948 zunächst für ausgestorben erklärt, doch in den 60er Jahren gelang es, diese Rasse mit einer ausreichenden Zahl von Registrierungen erneut zu etablieren. Diese Varietäten stammen offenbar vom Finnenspitz oder dem norwegischen Buhund ab. Der in Japan als eigenständige Rasse gezüchtete Japan Spitz ist dem kleineren Zwergspitz nicht unähnlich.

Die Schulterhöhe des Japan Spitzes beträgt 30 bis 36 cm (bei der Hündin etwas weniger). Die einzig zulässige Farbe ist Reinweiß. Spitze Schnauze, die typischen Ohren und die über dem Rücken aufgerollt getragene Rute weisen ihn als charakteristischen Vertreter der Spitzfamilie aus.

GRENZEN AUFZEIGEN

Der Spitz verfügt über eine gewisse Schärfe und wird leicht zum Kläffer, wenn man ihn nicht in die Schranken verweist. Er eignet sich eher als Einmannhund denn für ein Leben im Kreis einer Familie mit Kindern.

Oben links: Der Finnenspitz verkörpert einen der Vorfahren des Japan Spitzes. Die auf den Torfhund zurückgehenden Spitze zählen zu den ältesten Hunderassen überhaupt.

Oben: Der Japan Spitz zeigt das für die Spitze charakteristische üppige Haarkleid. Reinweiß ist die einzig zulässige Fellfarbe.

KURZINFO

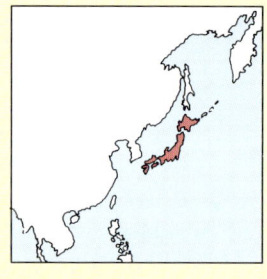

Charakter: Anhänglich und gesellig, gegenüber Fremden jedoch eher mißtrauisch.
Bewegung: Liebt die Freiheit, paßt sich jedoch den jeweiligen Haltungsbedingungen an.
Pflege: Täglich, mit Hilfe einer steifborstigen Bürste.
Futtermenge: 1 Dose (à 400 g) Markenfleischnahrung plus Biskuits in gleicher Menge (Volumen).
Lebenserwartung: Guter Durchschnitt.
Fehler: Zu weit auseinander liegende Ohren.

Der norwegische Buhund, von dem der Spitz zu einem Teil abstammt, wurde als Hütehund eingesetzt und gibt außerdem einen guten Wachhund ab.

BERNER SENNENHUND

Der Berner Sennenhund ist der bekannteste Vertreter der vier Schweizer Berghundrassen. Die anderen drei Rassen sind der Appenzeller Sennenhund, der Entlebucher Sennenhund und der Große Schweizer Sennenhund. In der Schweiz wurden Berner Sennenhunde früher intensiv als Zugtiere (zum Beispiel für Milchkarren) eingesetzt. In einigen Ländern sind derartige Gepflogenheiten nicht zulässig, was jedoch nicht verhindert, daß im Rahmen örtlicher Feierlichkeiten entsprechende Gespannwettbewerbe – oft zu wohltätigen Zwecken – ausgetragen werden.

Mit seiner imposanten Größe (Rüde: 64 bis 70 cm, Hündin: 58 bis 66 cm) ist der Berner Sennenhund einem sehr großen Border Collie nicht unähnlich. Seine Ursprünge liegen jedoch im antiken Rom.

Als die römischen Legionen vor 2000 Jahren über die Alpen nach Norden vorstießen, wurden sie von Kampf- und Wachhunden begleitet. Aus den überlebenden Wachhunden entwickelten sich vier große alpine Rassen – drei als Hütehunde, der Berner Sennenhund hingegen als Zugtier. In Bern lebten früher zahlreiche Weber, die ihre Erzeugnisse per Hundekarren zu Markte fahren ließen.

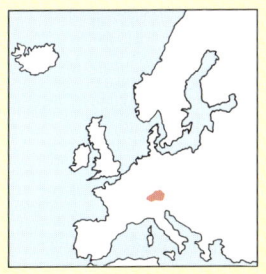

Charakter: Mehrzweckhund, auch als Zugtier einsetzbar. In geeignetem Umfeld ein idealer Familienhund.
Pflege: Regelmäßiges Bürsten, sonst stärkeres Haaren.
Futtermenge: Etwa 2 Dosen (à 400 g) Markenfleischnahrung plus Biskuits in gleicher Menge (Volumen).
Lebenserwartung: Durchschnittlich.
Fehler: Jedes Zeichen nicht hinnehmbarer Aggression.

Der überaus kräftige Pyrenäen-Berghund wurde früher einmal zur Abwehr von Bären und Wölfen eingesetzt. Heute schätzt man an ihm sein sanftmütiges Wesen.

Der Berner Sennenhund ist ein ausgezeichneter Familienhund – das richtige Umfeld vorausgesetzt, denn er benötigt ausreichend Platz und Auslauf. Die Haltung in einer Etagenwohnung liefe seinen Bedürfnissen zuwider. Obgleich die Zwingerhaltung bei dieser Rasse weniger üblich ist, verkraftet der Hund Witterungseinflüsse recht gut.

Der sonst eher auf eine Person fixierte Hund lernt rasch, allen Familienmitgliedern seine große Anhänglichkeit zu erweisen.

Erwünscht ist ein tiefschwarzes Fell mit sattem, braunrotem Brand an den Backen, über den Augen, an den Läufen und auf der Brust. Ferner ist eine kleine bis mittelgroße symmetrische weiße Zeichnung auf Kopf (Blesse) und Brust (Vorhemd) wünschenswert, vorzugsweise mit weißen Pfoten.

ROTTWEILER

Rottweiler sind prächtige Hunde, die jedoch in jüngerer Vergangenheit vor allem deshalb ins Zwielicht gerieten, weil einige der Tiere in ungeeignete und zudem unerfahrene Hände gerieten.

Rottweiler sind seit dem Mittelalter bekannt. Sie wurden zunächst für die Jagd auf Schwarzwild und später als verläßliche Hütehunde eingesetzt. Ihren Namen verdanken sie dem Umstand, daß sie oftmals verwendet wurden, um die Herden der Viehhändler auf ihrem Weg zum Markt der Handelsmetropole Rottweil zu begleiten. Später diente der Rottweiler als Ziehhund (»Metzgerhund«). Seit 1910 ist er als Diensthundrasse anerkannt.

Dank seines Schutz- und Wachtriebs verhält sich der Rottweiler äußerst loyal gegenüber seinem Halter, dessen Familie und auch anderen Haustieren, sofern er mit diesen aufgewachsen ist. Der Hund verlangt jedoch eine kenntnisreiche Hand und entsprechendes Gehorsamstraining. Den Hund zu provozieren wäre unklug, denkt man an seine Kraft und an die Tatsache, daß er seinen Angriff nur selten ankündigt.

Bedauerlicherweise wurde zuletzt zuviel Wert auf das mit dem Rottweiler verbundene Machoimage gelegt. Seine großen Fähigkeiten etwa als Dienst-, Fährten und Blindenhund gerieten dabei weitgehend aus dem Blick.

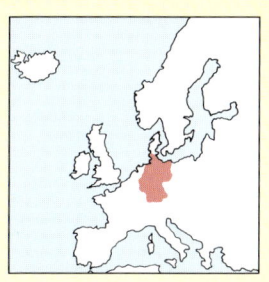

KURZINFO

Charakter: Unerschrocken und loyal. Gut abrichtbar, jedoch nicht für unerfahrene Halter zu empfehlen.
Bewegung: Größe und Kraft des Hundes erfordern reichlich Auslauf.
Pflege: Regelmäßiges Bürsten.
Futtermenge: Etwa 2 bis 2 1/2 Dosen (à 400 g) Markenfleischnahrung und Biskuits in gleicher Menge.
Lebenserwartung: Durchschnittlich.
Fehler: Unkontrollierte Aggressivität nach erfolgter Provokation.

Oben: Erwünscht sind möglichst kleine, weit voneinander entfernte Hängeohren.

Rechts: Wurde der Rottweiler früher auch für die Sauhatz verwendet, so ist er heutzutage ein geschätzter Diensthund. Hier ein Blick ins »Trainingslager«.

Die Schulterhöhe des Rüden beträgt ungefähr 63 bis 69 cm, die der Hündin ungefähr 58 bis 63,5 cm. Das stets schwarze Fell muß über deutlich umgrenzte Abzeichen einschließlich eines Flecks über jedem Auge verfügen. Die Farbe der Abzeichen reicht von Mahagoni- bis Hellbraun und sollte nicht mehr als 10 Prozent des Körpers einnehmen.

DEUTSCHE DOGGE

Deutsche Doggen sind nervenstarke und kinderliebe Hunde, die sich auch mit anderen Haustieren gut vertragen. Aufgrund seiner Größe und des als Jungtier gezeigten Ungestüms muß der Hund konsequent diszipliniert werden, damit er nicht die Oberhand gewinnt. Ein wöchentlicher Besuch der Hundeschule ist daher empfehlenswert.

Als deutsche Züchtung anerkannt, dürfte die Deutsche Dogge jedoch von den Molosserhunden römischer Zeiten abstammen – jenen Kampfhunden, die später in Deutschland als »Bärenfänger«, »Saupacker« und »Bullenbeißer« bezeichnet wurden. Angesichts dieser Vergangenheit wirkt die Deutsche Dogge heutzutage lammfromm – doch man täusche sich nicht.

Bismarck (1815–1898) mit seiner Vorliebe für Doggen verdanken wir die Züchtung eines der heute bekannten Deutschen Dogge ähnelnden Hundes durch Kreuzung von »Ulmer Dogge« und »Dänischer Dogge«. Dieser Hund wurde 1863 in Hamburg erstmals

Oben: Rehbraun ist eine der bei der Deutschen Dogge zulässigen Farbvarietäten.

Varietäten (von links nach rechts): Rehbraun, Blau, Schwarzweiß gefleckt (Tigerdogge), Schwarz, Gestromt.

Links: Der Mastino napoletano verkörpert einen effizienten Wachhund mit einer 2500 Jahre zurückreichenden Ahnenreihe.

Deutsche Dogge, gefleckt

KURZINFO

Charakter: Loyal, gutmütig und äußerst intelligent, aber auch kostspielig in der Haltung (Futtermengen!).
Bewegung: Im Idealfall kilometerlange tägliche Spaziergänge auf hartem Boden.
Pflege: Tägliches Bürsten erhält den Glanz des Fells.
Futtermenge: Bis zu 4 Dosen (à 400 g) Markenfleischnahrung plus Biskuits in gleicher Menge (Volumen).
Lebenserwartung: Durchschnittlich acht bis neun Jahre.
Fehler: Unbändigkeit des Junghundes. Rauhheit des Fells.

gezeigt. Seit 1866 als »Deutsche Dogge« bezeichnet, galt er als *der* deutsche Hund überhaupt und trug oftmals den Titel »Apoll unter den Hunden«.

Die Schulterhöhe einer mehr als 18 Monate alten Deutschen Dogge sollte mindestens 76 cm (Rüde) bzw. 71 cm (Hündin) betragen. Varietäten sind: Gestromt, Rehbraun, Blau, Schwarz und die auffällige Schwarzweißzeichnung (Grundfarbe Reinweiß mit tiefschwarzen oder tiefblauen Flecken).

Eines der traurigsten Dinge für jeden Besitzer einer Deutschen Dogge ist das Wissen um ihre niedrige Lebenserwartung. Ein Alter von acht bis neun Jahren bedeutet bereits viel, wobei es in den letzten Jahren oftmals zu Herzproblemen und Gelenkversteifungen kam. Dies alles verhindert jedoch nicht die große Hingabe, die zahlreiche Halter ihren Hunden gegenüber beweisen.

DOBERMANN

Der Dobermann wurde sozusagen von Haus aus als scharfer Wachhund gezüchtet, denn Louis Dobermann aus dem thüringischen Apolda – jener Mann, dem die Rasse ihren Namen verdankt und der ein Faible für scharfe Hunde besaß – war in den 1880er Jahren als Steuereinnehmer tätig.

Als nebenberuflicher Abdecker und Hundefänger dürfte es ihm nicht sonderlich schwergefallen sein, einen idealen Begleiter heranzuzüchten. Auf Mut, Nervenfestigkeit und Wachsamkeit bedacht, führte Dobermann Rottweiler und Pinscher zusammen, wohl auch noch Manchester Terrier und möglicherweise sogar Pointer.

Trotz seines starken Wachtriebs kann aus dem Dobermann ein zuverlässiger Familienhund werden – richtige Erziehung vorausgesetzt. Zudem ist er ein guter Spür- und Polizeihund und ein idealer Bewacher von Stallungen und kleineren Anwesen.

Die Schulterhöhe beträgt 69 cm (Rüde) bzw. 65 cm (Hündin). Fellfarben sind: Schwarz, Braun, Blau oder Mahagonibraun mit rostroten Abzeichen. Weiße Abzeichen jeder Art sind unerwünscht.

Links: Als Familienhund hat der Dobermann einen ausgeprägten Wachtrieb.

Unten: Schwarz mit rostroten Abzeichen ist eine der möglichen Fellfarben.

KURZINFO

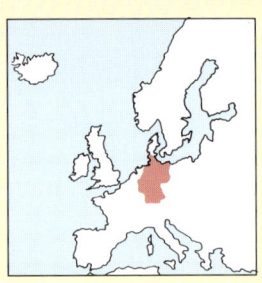

Charakter: Wachsam und reserviert. Seinem Besitzer treu ergeben.
Bewegung: Der ideale Hund für einen Stallhof oder eine freie Umgebung (große Bewegungsfreiheit).
Pflege: Das Fell täglich mit einem Frottierhandtuch abreiben, um abgestorbene Haare zu entfernen.
Futtermenge: Ungefähr 1 1/2 bis 2 1/2 Dosen (à 400 g) Markenfleischnahrung plus Biskuits in gleicher Menge (Volumen).
Lebenserwartung: Hoch.
Fehler: Tendenz zum übersteigerten Wachtrieb.

Rechts: Der Dobermann geht zum Teil auch auf den Manchester Terrier zurück.

Varietäten (von links nach rechts): Schwarz, Braun, Blau, Mahagonibraun.

SIBERIAN HUSKY

Ganz oben: Wie der Husky zählt auch der Alaskan Malamute zu den Spitzen. Er ist dem Husky in puncto Stärke und Zugkraft überlegen.

Oben: Husky-Welpe. Huskies sind unermüdliche, bereitwillige Arbeiter und hingebungsvolle Gefährten.

KURZINFO

Charakter: Zuverlässiger, nach Beschäftigung verlangender Schlittenhund.
Bewegung: Ausdauer und Leistungsvermögen des Hundes sind beträchtlich.
Pflege: Tägliches Bürsten und Kämmen. Nasses Fell abfrottieren.
Futtermenge: 1 1/2 bis 2 1/2 Dosen (à 400 g) Markenfleischnahrung und Biskuits in gleicher Menge.
Lebenserwartung: Guter Durchschnitt.
Fehler: Tendenz zum Streunen.

Als schneller, ausdauernder Schlittenhund mittlerer Größe kann der Siberian Husky auf eine lange Geschichte der Freundschaft mit dem Menschen zurückblicken. Dieser kinderliebe Hund benötigt allerdings ausreichend Platz und Training, um zu verhindern, daß er umherstreunt, Weidevieh belästigt oder Schäden anrichtet.

Huskies lieben die Kälte und lassen sich im Winter problemlos hinter dem Ofen hervorlocken. Die Rasse wurde von den Tschuktschen Nordostsibiriens gezüchtet, denen ein abgehärteter Hund vorschwebte, der die Rolle eines Begleiters und Jägers mit der eines behenden Schlittenhundes vereint.

Huskies ziehen auf Hundeschauen ein interessiertes Publikum an. Zudem werden sie als Such- und Rettungshunde und weltweit bei Schlittenhundrennen eingesetzt.

Ihre Heimat liegt am sibirischen Kolyma-Fluß und erstreckt sich östlich bis zur Beringstraße. Die Rasse wurde 1909 erstmals nach Alaska eingeführt.

Das Gewicht des Rüden beträgt 20 bis 27 kg, das der Hündin 16 bis 23 kg. Sämtliche Farben und Abzeichen (einschließlich Weiß) sind möglich. Die Fellzeichnung des Kopfes ist höchst verschiedenartig und individuell.

Huskies zeigen gegenüber Fremden und auch gegenüber anderen Hunden keine Aggressivität, sind jedoch im Erwachsenenalter etwas reserviert. Die Schulterhöhe beträgt 53 bis 60 cm (Rüde) bzw. 51 bis 56 cm (Hündin).

Diese Samojeden-Welpen präsentieren das berühmte »Samojeden-Lächeln«. Der Samojede ist eine fröhliche und intelligente Hunderasse, gleichermaßen beliebt bei Gehorsamsprüfungen und im Ausstellungsring.

Varietäten. Oben, von links nach rechts: Schwarzweiß, Silbergrau, Schwarz und Lohfarben. Unten, von links nach rechts: Weiß, Grauweiß, Rehfarben.

NEUFUNDLÄNDER

Ein sanfter Riese, fähig zu schwerer Arbeit, doch bei ausreichendem Platzangebot auch als Familienhund geeignet, kommt der Neufundländer gut mit anderen Haustieren aus und kann sogar zusammen mit Zwerghunden gehalten werden.

So wie der Border Collie alles, was sich bewegt, instinktiv zusammentreibt, verfügt der Neufundländer über den Instinkt, jegliches Treibgut sicher ans Ufer zu befördern.

Die Heimat des Neufundländers ist der Nordosten Kanadas, in dessen Häfen zahlreiche Schiffe vor drohenden Unwettern Zuflucht suchten. Man nimmt an, daß sich die mitgeführten und die (ihrerseits aus einheimischen amerikanischen Hunden und baskischen Hütehunden hervorgegangenen) ortsansässigen Hunde paarten, wodurch der Neufundländer entstand.

Ein berühmter Freund dieser Rasse war der englische Dichter Byron, dessen Neufundländer »Boatswain« in der Erde seiner früheren Heimat Newstead Abbey ruht. Berühmt wurden diese Hunde aber auch durch die zahlreichen Gemälde von Sir Edward Landseer (1802–1873), dem die Landseervarietät (Weiß mit schwarzen Platten) ihren Namen verdankt.

Die durchschnittliche Schulterhöhe beträgt 71 cm (Rüde) bzw. 66 cm (Hündin) bei einem Gewicht von 64 bis 68 kg bzw. 50 bis 54 kg.

Zulässige Farben und Zeichnungen sind: Schwarz, Braun und Landseer.

KURZINFO

Charakter: Exzellenter Wachhund, tüchtiger Schwimmer, untadelig gegenüber Kindern und Tieren.
Bewegung: Regelmäßige Bewegung auf hartem Grund.
Pflege: Täglich, mittels einer harten Bürste.
Futtermenge: Etwa 2 1/2 Dosen (à 400 g) Markenfleischnahrung plus Biskuits in gleicher Menge (Volumen).
Lebenserwartung: Durchschnittlich.
Fehler: Knick- oder Ringelrute.

Varietäten (von links nach rechts): Schwarz, Braun, Landseer.

MASTIFF

Die überaus kräftigen Mastiffs verkörpern eine der ältesten Hunderassen der Welt. Als Julius Caesar im Jahr 55 v. Chr. in Britannien an Land ging, sollen seine Gegner bereits mit Mastiffs an ihrer Seite in den Kampf gezogen sein. Die Römer nahmen einige dieser kräftigen Hunde für ihre Schaukämpfe in den römischen Arenen mit nach Hause.

Der Mastiff darf nicht mit dem Bullmastiff, einer Kreuzung aus Mastiff und Englischer Bulldogge, verwechselt werden. Der Mastiff übertrifft den Bullmastiff an Größe.

Als ehemaliger Wach- und Kampfhund wurde der Mastiff auf Schärfe gezüchtet. Dieser Wesenszug wurde der Rasse inzwischen jedoch so weit weggezüchtet, daß der Mastiff heute einen freundlichen und kinderlieben, wenn auch gelegentlich gegenüber Fremden mißtrauischen Begleiter verkörpert. Mastiffs taugen jedoch nicht für den Anfänger, und es wäre töricht, bei einem Hund dieser Größe nicht eine beträchtliche

<table>
<tr><td colspan="2">KURZINFO</td></tr>
<tr><td>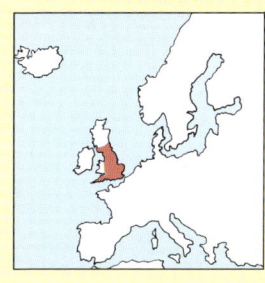</td><td></td></tr>
</table>

Charakter: Mutig, intelligent und loyal.
Bewegung: Reichlich Auslauf.
Pflege: Tägliches Bürsten.
Futtermenge: 2 1/2 bis 4 Dosen (à 400 g) Markenfleischnahrung plus Biskuits in gleicher Menge (Volumen).
Lebenserwartung: Durchschnittlich.
Fehler: Tendiert zum Lahmwerden. Gesundheitszustand bedarf der Abklärung durch den Tierarzt.

Menge Zeit in dessen Ausbildung zu investieren. Die Schulterhöhe beträgt 76 cm (Rüde) bzw. 70 cm (Hündin). Farben sind: Apricot-Rehfarben, Silber-Rehfarben oder Dunkelrehfarben gestromt. Fang, Behang, die Augen und Nase sollten in allen Fällen schwarz und die Augenhöhlen rund sein, wobei das Schwarz zwischen den Augen nach oben ausläuft.

Varietäten (von oben nach unten): Rehfarben, Gestromt, Silber.

BOXER

Für eine Familie mit Kleinkindern verkörpert die Anschaffung eines Boxers eine ausgezeichnete Wahl. Die recht überschwenglichen Boxer werden erst spät erwachsen, fügen sich aber meist gut in eine normale Familie ein, vor allem, wenn sie regelmäßig auf lange Landspaziergänge gehen dürfen.

Beim Ausführen in hochsommerlicher Hitze ist jedoch Vorsicht geboten. Boxer konnten ihre Fähigkeiten etwa als Polizei- oder Blindenhunde nachdrücklich unter Beweis stellen.

Vorfahren des Boxers waren die molosserartigen »Packhunde«, die mit den ungestümen Kimbern gegen die Römer in die Schlacht zogen. Das Gebiß zeigt den für Bullenbeißer wie auch die Bulldogge typischen Vorbiß. Der Brabanter Bullenbeißer, aus dem die Englische Bulldogge hervorging, spielte bei der Entwicklung des Boxers ebenfalls eine Rolle.

Die Schulterhöhe beträgt 57 bis 63 cm (Rüde) bzw. 53 bis 59 cm (Hündin). Im Gegensatz zu der rehfarbenen und der gestromten Varietät sind gänzlich weiße Tiere im Ring nicht zugelassen. Die Ohren werden in zahlreichen Ländern kupiert.

Oben: Zwei Boxer mit kupierten Ohren. Das mancherorts übliche Kupieren führt zu spitzen Stehohren.

Links: Boxer stammen von molosserartigen Hunden ab, wie etwa dem Bullmastiff mit seinem charakteristischen Vorbiß und der kräftigen Statur.

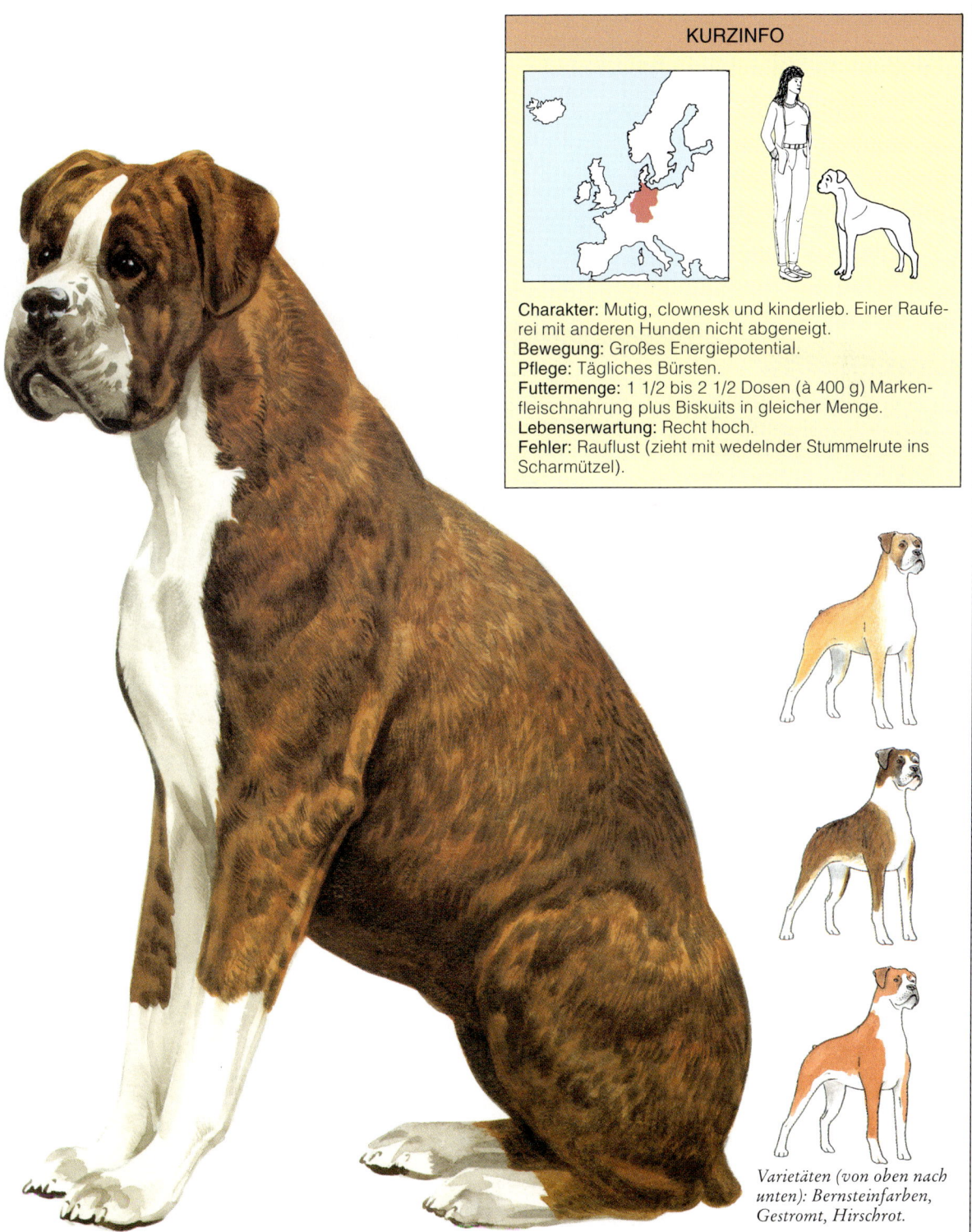

KURZINFO

Charakter: Mutig, clownesk und kinderlieb. Einer Rauferei mit anderen Hunden nicht abgeneigt.
Bewegung: Großes Energiepotential.
Pflege: Tägliches Bürsten.
Futtermenge: 1 1/2 bis 2 1/2 Dosen (à 400 g) Markenfleischnahrung plus Biskuits in gleicher Menge.
Lebenserwartung: Recht hoch.
Fehler: Rauflust (zieht mit wedelnder Stummelrute ins Scharmützel).

Varietäten (von oben nach unten): Bernsteinfarben, Gestromt, Hirschrot.

BERNHARDINER

Falls ihm genügend Platz eingeräumt wird, gibt der Bernhardiner einen idealen Familienhund ab. Bei der Auswahl eines Welpen muß man jedoch darauf achten, daß dieser aus einer Zucht stammt, deren Tiere frei von Hüftgelenksdysplasie (eine Schwäche der formbildenden Anlagen der Gelenke) sind. Berühmt ist darüber hinaus die Seelenruhe dieser Rasse.

Seinen Namen verdankt der Bernhardiner dem kurz vor 1000 n. Chr. von Bernard de Menthon in den Alpen eingerichteten Hospiz St. Bernhard.

Links: Der Anatolische Hirtenhund ist wendig, stark und gelehrig.

Varietäten (von links nach rechts): Orange, Mahagonibraun, Gestromt.

Rechts: Der Estrela Berghund ist ein harter Bursche. Fremde sollten ihm gegenüber auf der Hut sein. Ursprünglich ein Hirtenhund, verkörpert er ebenfalls einen geeigneten Wachhund.

Auch nach dem Tod von Bernard bot das Hospiz Lawinenopfern und Reisenden seine Dienste an, doch erst Mitte des 17. Jahrhunderts trafen die nun für den Betrieb zuständigen Mönche die Entscheidung, sich bei der Rettung von Reisenden der Hilfe von Hunden zu versichern, denen das rauhe Alpenklima nichts anhaben konnte.

Gelegentlich wird behauptet, der Bernhardiner sei von den Mönchen durch Kreuzen von deutschen Mastiffs und Pyrenäen-Berghunden hervorgebracht worden. Eher jedoch dürfte er von der Tibetdogge abstammen. Nachdem die Rasse um 1820 am Rand des Aussterbens gestanden hatte, gelang es einer Reihe leidenschaftlicher Hundefreunde, den Bernhardiner in der heute bekannten Form herauszuzüchten.

Neben dem langhaarigen gibt es auch den kurzhaarigen Bernhardiner, auf dessen Zucht sich die Mönche konzentrierten, da sich in dem langen Fell rasch schwere Schnee- und Eisklumpen bildeten.

GANZ SCHÖN GROSS

Die vorgeschriebene Schulterhöhe des Bernhardiners beträgt mindestens 70 cm. Nach oben sind keine Grenzen gesetzt, sofern die Proportionen erhalten bleiben. Bereits aufgrund ihrer Größe und der Futterkosten sind Bernhardiner eine Ausnahmeerscheinung.

Fellfarben sind: Orange, Mahagonibraun, Gestromt (oder Rot gestromt) sowie Weiß mit Platten in einer der genannten Farben. Erforderliche Abzeichen sind: Weiße Blesse, weißer Kragen, weiße Brust, weiße Vorderläufe, Pfoten und Rutenspitze sowie dunkle Maske und Behänge.

KURZINFO

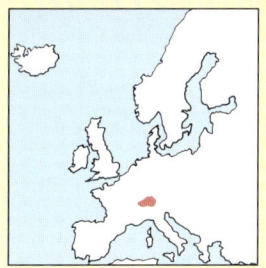

Charakter: Ruhig, sensibel, zuverlässig und mutig. Bewährter Such- und Rettungshund im Gebirge.
Bewegung: Reichlich, außer beim Junghund.
Pflege: Regelmäßiges Kämmen und Bürsten hält das Fell in gutem Zustand und wirkt Haarverlust entgegen.
Futtermenge: Wenigstens 2 1/2 Dosen (à 400 g) Markenfleischnahrung plus Biskuits in gleicher Menge (Volumen).
Lebenserwartung: Weniger hoch.
Fehler: Bis unter die Ellbogen reichende Brust.

Berühmt ist die Geschichte des Bernhardinerhundes Barry, der zwischen 1800 und 1812 nicht weniger als vierzig Leben gerettet haben soll. Fälschlicherweise für ein wildes Tier gehalten, starb er eines gewaltsamen Todes. Ihm zu Ehren wurde sogar auf dem Pariser Hundefriedhof ein Denkmal errichtet.

KOMONDOR

Charakter: Äußerst wachsam, mißtrauisch gegenüber Fremden. Ungemein besitzertreu.
Bewegung: Welpen sind besonders lebhaft. Auch ausgewachsene Hunde brauchen reichlich Auslauf.
Pflege: Das aus enggewellten Schnüren bestehende Fell wird nicht gekämmt oder gebürstet. Verfilzung ist jedoch zu vermeiden.
Futtermenge: Wenigstens 2 1/2 Dosen (à 400 g) Markenfleischnahrung plus Biskuits in gleicher Menge (Volumen).
Lebenserwartung: Hoch.
Fehler: Steh- oder Überfallohren.

Mit seinem eigenartigen Fell könnte man den Komondor für einen Modehund halten. In Wahrheit jedoch wird er in seiner ungarischen Heimat bereits seit mehr als 1000 Jahren gezüchtet und ist einer der vortrefflichsten Wach- und Hütehunde, der auch Kinder unter Einsatz seines Lebens verteidigen würde. Der am besten in ländlicher Umgebung gehaltene Hund zeigt sich Fremden gegenüber nicht wohlgesinnt. Dank seines kälteunempfindlichen Schnürenfells ist er für die Zwingerhaltung ideal geeignet, fühlt sich jedoch auch im Haus wohl.

Die durchschnittliche Schulterhöhe beträgt 80 cm (Rüde) bzw. 70 cm (Hündin). Die einzige Farbe ist Weiß. Die Haut ist im Idealfall grau; eine rosafarbene Haut ist jedoch ebenfalls akzeptabel.

BOBTAIL

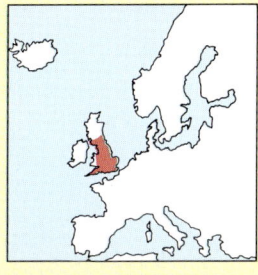

Charakter: Angenehmes Wesen. Sehr ausdauernd. Kommt gut mit anderen Tieren und Kindern zurecht.
Bewegung: Reichlich. Großer Garten vorteilhaft.
Pflege: Tägliches Bürsten. Kämmen mittels Stahlkamm. Langwierige Schauvorbereitung.
Futtermenge: 2 1/2 Dosen (à 400 g) Markenfleischnahrung plus Biskuits in gleicher Menge (Volumen).
Lebenserwartung: Durchschnittlich.
Fehler: Helle Augen.

Varietäten (von links nach rechts): Grau, Blauschimmel, Blau.

Man nimmt an, daß der Bobtail (Old English Sheepdog) aus einer Kreuzung des Briard und des mit den ungarischen Hirtenhunden verwandten Südrussischen Owtscharka hervorgegangen ist.

In England diente der Bobtail früher als Hüte- und Wachhund. Heute indessen wird dieses gutmütige Tier fast ausschließlich als Familienhund gehalten, ist aber aufgrund seiner Größe und Überschwenglichkeit auch in einer Vorstadtsiedlung nicht unbedingt gut aufgehoben.

In Großbritannien führte das Mitwirken eines Bobtails in einem Werbespot dazu, daß die Tierheime schon bald mit Notrufen von Haltern überhäuft wurden, die sich spontan einen Bobtail angeschafft hatten, jedoch feststellen mußten, daß er für eine Etagenwohnung zu groß und für das Dahertrotten neben einem Kinderwagen zu ungestüm ist. In geeigneter Umgebung sind Bobtails jedoch erstklassige anhängliche, sensible und kinderliebe Begleithunde.

Die Schulterhöhe beträgt mindestens 61 cm (Rüde) bzw. 56 cm (Hündin). Fellfarben sind: Grau, Blauschimmel und Blau (alle Schattierungen). Körper und Hinterhand einfarbig mit oder ohne weiße »Socken«.

WELSH CORGI

Der Welsh Corgi Cardigan ist eine der ältesten britischen Hunderassen und wurde vor mehr als 3 000 Jahren von den Kelten eingeführt. Man nimmt an, daß der Hund auf die gleiche Stammlinie zurückgeht wie der deutsche Niederlaufhund. Ein früher Nachweis findet sich bereits in dem aus dem 11. Jahrhundert stammenden Domesday Book, einer Art Landbesitzregister, das von Wilhelm dem Eroberer eingerichtet worden war. Der Hund hatte immer schon die Aufgabe, das Vieh durch Zwicken in die Knöchel voranzutreiben – eine Gewohnheit, die von Bediensteten Elizabeths II. aus eigener leidvoller Erfahrung bestätigt wird.

Der Welsh Corgi Pembroke gelangte in Begleitung flämischer Weber, die 1107 von Heinrich I. als Lehrmeister nach Wales beordert wurden, auf die britische Insel. Der Pembroke ist mit verschiedenen nordischen Hunden wie etwa Samojede und Norwegischer Elchhund verwandt.

Mitte des letzten Jahrhunderts begann man, beide Corgivarietäten miteinander zu verpaaren. Der Cardigan ist länger als der Pembroke und leicht an seiner fuchsartigen Rute erkennbar.

Die Schulterhöhe des Welsh Corgi Cardigan beträgt 30 cm. Zulässig sind alle Farben, mit oder ohne weiße Abzeichen. Weiß sollte jedoch nicht dominieren.

Die Schulterhöhe des Welsh Corgi Pembroke beträgt 25,4 bis 30,5 cm. Farben sind: Einfarbig Rot, Zobelfarben, Rehfarben sowie Schwarz und Lohfarben, mit oder ohne weiße Abeichen an Läufen, Brust und Hals. Etwas Weiß an Kopf und Fang ist zulässig. Übergewichtigen Corgis darf nicht gestattet werden, auf Sitzmöbel hochzuspringen, da dies zu Rückenproblemen führen könnte.

Die Beliebtheit des Corgi konzentriert sich weiterhin auf seine britische Heimat.

Pembrokevarietäten (von links nach rechts): Zobelfarben, Schwarz und Lohfarben, Rot, Rehfarben.

Welsh Corgi (Pembroke)

Cardiganvarietäten (von links nach rechts): Rehfarben und Weiß, Schwarzweiß, Rotweiß, Zobelfarben, Lohfarben, Braun, Schwarz.

Links: Der Cardigan Corgi verkörpert eine sehr alte, ursprünglich vom europäischen Kontinent stammende Rasse. Abgebildet ist ein Blue Merle (graue, schwarze und blaue Haare).

Unten: Der Pembroke ist hochläufiger, aber kürzer als der Cardigan. Beide Corgis wurden 1934 in Großbritannien als unterschiedliche Rassen anerkannt.

KURZINFO

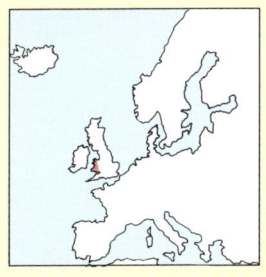

Charakter: Anhänglich, unermüdlich und wachsam.
Bewegung: Regelmäßige Spaziergänge sind ratsam. Kommen diese zu kurz, droht rasch Übergewicht.
Pflege: Tägliches Bürsten reicht für die Pflege des wasserabweisenden Fells.
Futtermenge: Etwa 3/4 Dose (à 400 g) Markenfleischnahrung plus Biskuits in gleicher Menge (Volumen).
Lebenserwartung: Guter Durchschnitt.
Fehler: Tendiert zum Zwicken. Der Cardigan ist etwas ruhiger veranlagt als der Pembroke.

DEUTSCHER SCHÄFERHUND

Varietäten (von links nach rechts): Goldgelb mit schwarzem Sattel, Schwarz, Eisengrau, Rotgelb mit schwarzem Sattel, Weiß.

Der Deutsche Schäferhund gilt nicht nur in seiner Heimat als eine der beliebtesten Hunderassen überhaupt. Für eine große Ähnlichkeit zum Wolf der Bronzezeit spricht die Tatsache, daß bereits im 7. Jahrhundert n. Chr. ein – wenn auch mit einem hellerem Fell – ausgestatteter Hütehund in Deutschland existierte. Bis zum 16. Jahrhundert war eine nachweislich dunklere Fellfarbe entstanden.

Erstmals 1882 in Hannover ausgestellt, brachte eine Reihe begeisterter Züchter den Deutschen Schäferhund nach dem Ersten Weltkrieg nach Großbritannien. Damals hielt man es jedoch für unangemessen, dem Deutschtum in Form einer entsprechenden Herkunftsbezeichnung Ehre zu erweisen, weshalb die

Rasse als »Elsässer« tituliert wurde und erst 1971 ihren eigentlich korrekten Namen erhielt.

Der Deutsche Schäferhund ist ganz ohne Zweifel einer der intelligentesten Hunde überhaupt. Seine immense Vielseitigkeit stellt er als Zoll-, Polizei-, Blinden-, Wach-, Such-, Sanitäts-, Melde- und Lawinenhund unter Beweis.

Die Tatsache, daß einige Schäferhunde in die falschen Hände gerieten, führte in jüngerer Vergangenheit bedauerlicherweise bisweilen zu dem Pauschalurteil, die Rasse verfüge über eine übermäßige Schärfe. Ein Deutscher Schäferhund, der nicht gefordert wird, kann in der Tat rastlos, nervös und gefährlich werden. Derartige Probleme sind aber vermeidbar, wenn man

KURZINFO

Charakter: Vielseitiger, wachsamer Gebrauchshund mit ausgeprägtem Spürsinn. Ausgezeichneter Schutzhund.
Bewegung: Intelligenz und Energie mit Hilfe bestimmter Aufgaben (Gehorsam, Wendigkeit) kanalisieren.
Pflege: Tägliches Bürsten.
Futtermenge: 1 1/2 bis 2 1/2 Dosen (à 400 g) Markenfleischnahrung plus Biskuits in gleicher Menge (Volumen).
Lebenserwartung: Guter Durchschnitt.
Fehler: Tendenz zu übersteigertem Schutztrieb.

Der Groenendael repräsentiert die beliebteste Varietät des Belgischen Schäferhundes.

dem Hund eine sorgfältige Erziehung bzw. Ausbildung angedeihen läßt und ihm eine Aufgabe gibt, um seine grenzenlose Energie und wache Intelligenz sinnvoll zu nutzen. Der Deutsche Schäferhund ist ein unbestechlicher Bewacher von Kindern, die sich in seiner Obhut befinden. Probleme können sich allenfalls einstellen, wenn der Hund die auf ein Kind gerichtete Bewegung als Angriff mißdeutet.

Der Deutsche Schäferhund ist ständig »auf Wache« und registriert jede Bewegung eines Besuchers, die eine Bedrohung seiner geliebten Familie darstellen könnte. Dem Hund Aggressivität anerziehen zu wollen, wäre schlichte Torheit, zumal die Rasse über einen natürlichen Schutztrieb verfügt.

Bedauerlicherweise ist der »DS« anfällig für Hüftgelenksdysplasie, eine vererbbare Fehlbildung des Gelenks, die noch vor dem Erreichen der Lebensmitte zu chronischer Lahmheit führen kann. Aber auch aufgrund der Tatsache, daß verantwortungslose Züchter mit dürftigem Material züchten, um die hohe Nachfrage zu befriedigen, ist beim Welpenkauf eine besondere Sorgfalt angebracht.

Die ideale Schulterhöhe beträgt ungefähr 62,5 cm (Rüde) bzw. 57,5 cm (Hündin). Zulässige Farben sind: Schwarz sowie schwarzer Sattel mit eisengrauen und hellen bis rotbraunen Abzeichen, dunkel gewolkt, Grau einfarbig oder mit hellen oder braunen Abzeichen. Der auch als Diensthund in Großbritannien zunehmend beliebtere weiße Schäferhund wird vom United Kingdom Kennel Club nicht anerkannt.

Links: Der Deutsche Schäferhund gilt als direkter Abkömmling des Wolfes. Stets wachsam und bereit, seine Familie zu verteidigen, profitiert er davon, wenn er für konkrete Aufgabenstellungen abgerichtet wird.

BORDER COLLIE

Der ursprünglich aus dem englisch-schottischen und dem englisch-walisischen Grenzland stammende Border Collie ist in Großbritannien (aufgrund der häufig im Fernsehen übertragenen Hütehundwettbewerbe) ein regelrechter vierbeiniger Star. Zudem ist dieser robuste Arbeitshund der unangefochtene Favorit der Hundeausbilder. Weniger Sinn macht die Tatsache, daß der Border Collie zunehmend als städtischer Familienhund gehalten wird. Der Hund verfügt über einen – von Schweinen bis zu Menschen reichenden – Hüteinstinkt und kann bei aller Kinderliebe aufgrund mangelnder Bewegungsmöglichkeiten aus schierer Langeweile zum Beißer werden.

Heutige Border Collies stammen aus dem schottischen Tiefland und den in der englisch-schottischen Grenzregion gelegenen Grafschaften. Viele dieser unverkennbaren und teuren Hütehunde wurden in aller Herren Länder exportiert.

Die ideale Schulterhöhe beträgt 53 cm (bei der Hündin etwas weniger). Verschiedene Farben sind erlaubt, Weiß sollte jedoch in keinem Fall vorherrschen.

Junge Border Collies nehmen in Gegenwart von Schafen instinktiv eine geduckte Haltung ein. Zur Einweisung in ihr Handwerk wird meist ein erfahrenes Tier mit herangezogen.

Unten: Der Langhaar-Collie stammt aus dem schottischen Tiefland und kann auf eine lange Geschichte als Hütehund zurückblicken.

Rechts: Der international weniger bekannte Kurzhaar-Collie läßt die athletische Statur der Collies besser zum Ausdruck kommen.

Varietäten: Verschiedene Formen von Abzeichen sind zulässig, wobei jedoch Weiß nie dominieren sollte.

Rechts: Der ebenfalls aus Schottland gebürtige Bearded Collie ist ein intelligenter, lebhafter Hund, der reichlich Auslauf benötigt.

KURZINFO

Charakter: Zäher, folgsamer und belastbarer Hütehund.
Bewegung: Reichlich (sonst negative charakterliche Veränderungen).
Pflege: Mit Hilfe einer harten Pferdebürste. Abgestorbene Haare nach dem Bürsten entfernen.
Futtermenge: 1 bis 1 1/2 Dosen (à 400 g) Markenfleischnahrung plus Biskuits in gleicher Menge (Volumen).
Lebenserwartung: Guter Durchschnitt.
Fehler: Unzureichende Fellqualität.

BRÜSSELER UND BELGISCHER GRIFFON

Zwei recht bekannte Griffons sind der rauhhaarige Brüsseler Griffon und der kurzhaarige Belgische Griffon. Der Griffon ist ein anhänglicher, intelligenter und wohlgelaunter Hund mit einem beinahe menschlichen Ausdruck. Er hängt sehr an seinem Halter, dem er meilenweit folgt – sei es, um am Strand Treibholz aufzulesen oder um einen gemächlichen Spaziergang im Park zu unternehmen. Diese Folgsamkeit bedeutet allerdings nicht, daß der Griffon besonders problemlos zur Leinenführigkeit erzogen werden kann. Beharrlichkeit heißt die Devise.

Der Griffon ist anderen Haustieren und Kindern wohlgesinnt und gilt als ausgezeichneter Haushund. Der Tendenz zum Kläffen muß jedoch frühzeitig begegnet werden. Wie bei allen kurzköpfigen Rassen ist

KURZINFO

Charakter: Robust, wohlgelaunt, intelligent, anhänglich.
Bewegung: Anpassungsfähig. Vom Gehen an der Leine weniger begeistert.
Pflege: Rauhhaar: Zupfen; Kurzhaar: Bürsten, Frottieren und Abreiben mit einem Fensterleder.
Futtermenge: Etwa 1/2 Dose (à 400 g) Markenfleischnahrung plus Biskuits in gleicher Menge (Volumen).
Lebenserwartung: Hoch.
Fehler: Unnatürlicher Gang.

Varietäten (von links nach rechts): Schwarz und Lohfarben, Schwarz, Rot.

Brüsseler Griffon. Schwarz und Lohfarben ist eine der drei zulässigen Farbvarietäten. Das Fell des Rauhhaar-Griffon bedarf einer regelmäßigen Pflege.

auch hier darauf zu achten, daß sich der Hund bei warmem Wetter nicht überhitzt und daß für ausreichend Frischluft und Trinkwasser gesorgt ist.

Die Entscheidung für eine der beiden Rassen ist eine Frage des persönlichen Geschmacks. Rauhhaarige Vertreter stauben auf Ausstellungen offenbar mehr Preise ab (vielleicht bereits aufgrund ihrer bloßen Zahl); ihr Fell ist jedoch recht pflegeaufwendig.

Der bisweilen als »Mischling in der Welt der Rassehunde« titulierte Griffon hat angeblich den Affenpinscher zum Vorfahren, wobei der Kurzhaar stark mopsähnliche Züge aufweist.

Einst in Stallungen zur Schädlingsbekämpfung eingesetzt, wurde der Griffon 1880 in Brüssel erstmals gezeigt. Später stieß diese Rasse auf immense Popularität, nachdem die beliebte Königin Astrid ihre Begeisterung für den Griffon entdeckt hatte, dessen Bestand jedoch im Zuge der Kriegsereignisse Anfang der 40er Jahre stark dezimiert wurde. Heute verkörpert der Griffon eine in zahlreichen Ländern beliebte und oft ausgestellte Hunderasse.

Der Griffon bringt 2,2 bis 5 kg auf die Waage (wünschenswert sind 2,7 bis 4,5 kg). Farben sind: Klares Rot, Schwarz sowie Schwarz und Lohfarben, ohne weiße Abzeichen.

Der Kopf des Belgischen Griffons verweist auf seine mopsartigen Vorfahren.

Brüsseler Griffon

AFFENPINSCHER

KURZINFO

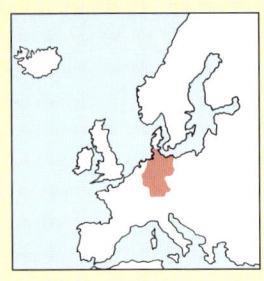

Charakter: Lebhaft, liebevoll und selbstsicher.
Bewegung: An städtische und ländliche Umgebungen anpaßbar. Recht gut zu Fuß.
Pflege: Regelmäßiges Trimmen, tägliches Bürsten.
Futtermenge: Etwa 1/2 Dose (à 400 g) Markenfleischnahrung plus Biskuits in gleicher Menge (Volumen).
Lebenserwartung: Hoch.
Fehler: Abgenutzer Gang.

Der Affenpinscher, eine deutsche Züchtung, trägt seinen Namen mit einigem Recht. In Frankreich führt diese Rasse den Beinamen »schnauzbärtiger Teufel« – ebenfalls nicht zu Unrecht, denn dieser kleinste Vertreter der Pinscher-Schnauzer-Familie würde es, wütend geworden, auch mit einem Löwen aufnehmen!

Bis 1896 galten Zwergpinscher und Affenpinscher vielerorts als eine Rasse. In jenem Jahr aber wurde beschlossen, die Langhaarvertreter fortan unter dem Namen Affenpinscher zu führen und als solche auf der Berliner Ausstellung zu präsentieren.

Der in Deutschland spätestens seit dem Mittelalter bekannte Affenpinscher findet sich in einigen berühmten Gemälden von Jan van Eyck (um 1390–1441) und Albrecht Dürer (1471–1528) verewigt. Obgleich somit vieles für einen deutschen Ursprung spricht, herrscht Unklarheit darüber, ob der Brüsseler Griffon aus dem Affenpinscher hervorgegangen ist oder umgekehrt.

Der Affenpinscher ist ein lustiger, liebenswerter und eigensinniger kleiner Bursche. Das schwarze Fell weist gelegentlich graue Schattierungen auf. Die Schulterhöhe beträgt 24 bis 28 cm, das Gewicht 3 bis 4 kg.

CHINESISCHER SCHOPFHUND

KURZINFO

Charakter: Wohlgelaunt, nie bösartig, äußerst energievoll und anhänglich.
Bewegung: Schätzt Spaziergänge, tollt aber auch gern aus eigenem Antrieb in der Wohnung herum.
Pflege: Alle drei Wochen Baden. Einreiben der Haut mit Babycreme. Bürsten von Schopf und Schwanzquaste. Einzelne unerwünschte Haare vor der Ausstellung abrasieren.
Futtermenge: 1/2 bis 3/4 Dose (à 400 g) Markenfleischnahrung plus Biskuits in gleicher Menge (Volumen).
Lebenserwartung: Durchschnittlich.
Fehler: Helle Augen. (Die Augen sollten so dunkel sein, daß sie wie schwarz erscheinen.)

te einige dieser Vierbeiner, deren Nachkommen heute auch als reine Haushunde gehalten werden.

Wenn er zur Hochform aufgelaufen ist, erscheint der Schopfhund als äußerst lebhafter Geselle, der einfach nicht anders kann, als die Wohnung zum Rennparcours umzufunktionieren. Dabei ist er jedoch liebenswert, ziemlich intelligent, gutmütig und recht leicht an die Leine zu gewöhnen. Merkwürdig, aber wahr ist, daß in fast jedem Wurf auch behaarte Welpen (»Puderquasten«) auftreten, vielleicht ein Kunstgriff der Natur, die unbehaarten Welpen warmzuhalten?

Der Chinesische Schopfhund existiert in zwei deutlich verschiedenen Körpertypen: als feingliedrige (Deer) und als schwerere (Cobby) Varietät. Die Schulterhöhe beträgt 28 bis 33 cm (Rüde) bzw. 23 bis 30 cm (Hündin). Gewicht: 5,5 kg.

Der Chinesische Schopfhund war nahezu ausgestorben, als im Jahr 1966 eine Mrs. Ruth Harris aus der englischen Grafschaft Gloucestershire mit einer älteren, in den USA lebenden Dame Kontakt aufnahm. Sie war im Besitz der einzig verbleibenden Hunde dieser Rasse und importier-

Varietäten (von oben nach unten): Braun gefleckt, Blau, Schwarz gefleckt, Silbergrau.

YORKSHIRE TERRIER

Yorkshire Terrier sind inzwischen derart populär geworden, daß sie in unterschiedlichen Größen vorkommen. Der uneingeweihte Betrachter hält sie daher oft für verschiedene Varietäten. Der Standard jedenfalls schreibt für den Rüden ein Gewicht von bis zu 3 kg vor – mithin nur 450 g mehr als für den Chihuahua, den kleinsten Hund überhaupt. Dies ändert aber nichts daran, daß auch einige der größeren »Yorkies« glückliche und robuste Familienhunde darstellen.

Der »Yorkie« ist ein Zwerghund mit ausgeprägtem Terriertemperament, der einen erstklassigen Begleithund abgibt, sei es in der Etagenwohnung oder auf

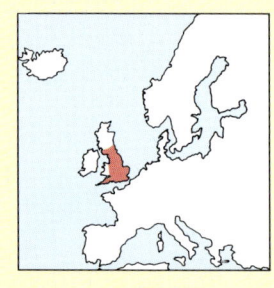 

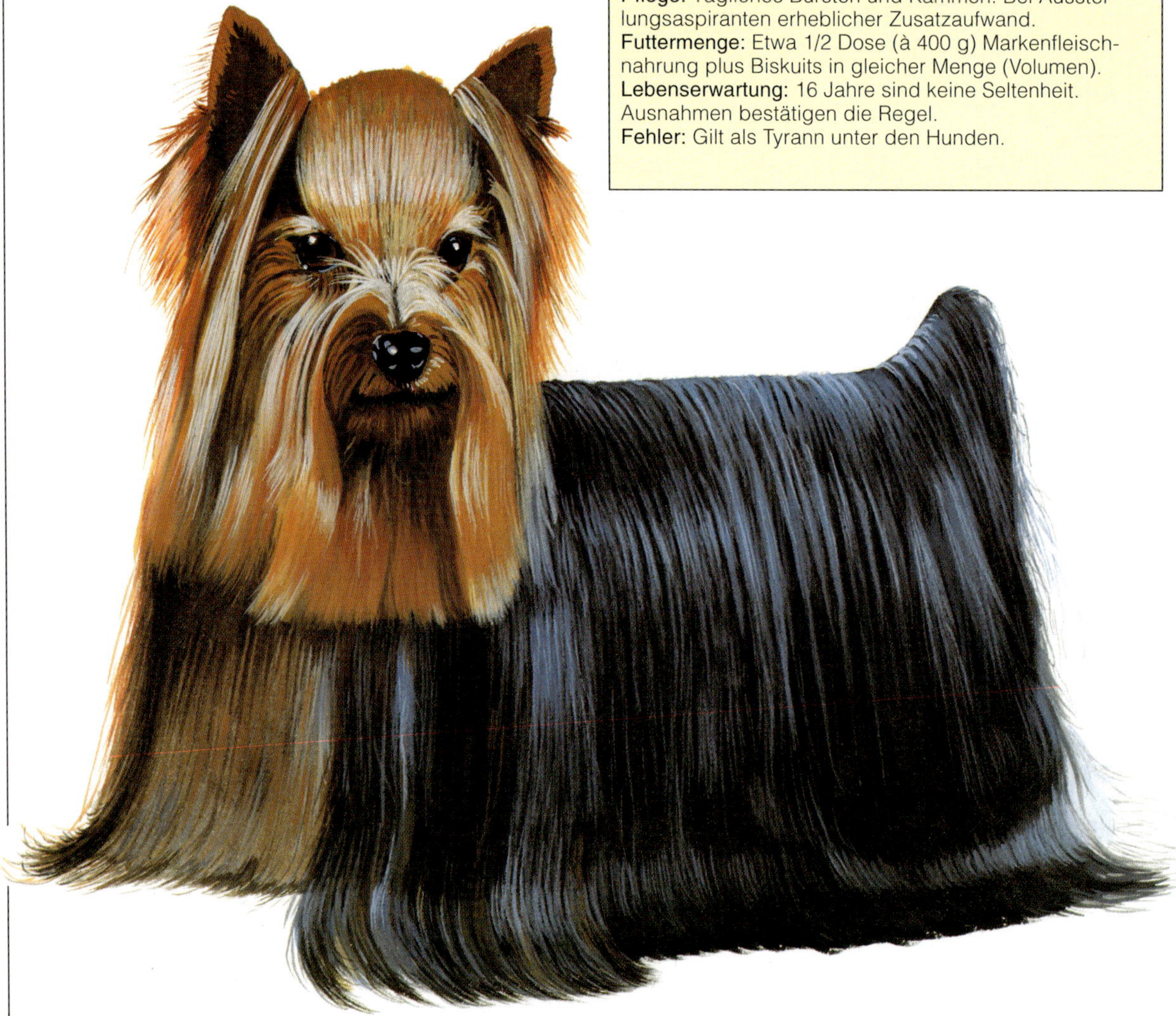

*Oben: Der Malteser verkör-
pert eine der ältesten, bereits
in römischen Zeiten beur-
kundeten Hunderassen.*

*Rechts: Das Fell des »Yorkie«
sollte dunkel stahlblau sein,
an der Brust jedoch kräftig
lohfarben. Nur tägliches
Bürsten wahrt die Bestform.*

dem Bauernhof. Ausstellungshunde führen ein eher
beschauliches Leben. Lockenwickler gehören zu ihrem Alltag. Die Ursprünge dieser Zwerghundrasse, die
aus der Kreuzung von Skye Terrier und Black and Tan
Terrier entstand, reichen knapp 100 Jahre zurück. Angeblich sollen auch Malteser und Dandie Dinmont
Terrier ihr Scherflein dazu beigetragen haben.

Das Haar des »Yorkie« sollte gerade und in von der
Nase zur Schwanzspitze reichender Symmetrielinie
gleichmäßig auf beiden Körperhälften herabhängen.
Das Körperhaar sollte ein dunkles Stahlblau aufweisen
(nicht Silberblau), ohne einzelne rehfarbene, bronze-
farbene oder dunklere Haare. An der Brust sollte das
Haar eine kräftige, helle Lohfarbe aufweisen, die von
der Haarwurzel zur Haarspitze hin in drei Stufen zunehmend heller wird.

ZWERGSPITZ

Varietäten (von oben nach unten): Weiß, Braun, Orange, Blau, Biberfarben, Schwarz, Creme.

Bevor er durch den Pekinesen verdrängt wurde, galt der Zwergspitz als Lieblingshund Königin Victorias. Er ist aber beileibe nicht nur ein Schoßhund für ältere Damen, sondern auch gut für eine Wanderung mit seinem Besitzer geeignet.

»Pomeranian«, der englische Name dieser Rasse, verweist auf einen europäischen Ursprung. Die Anfänge des Zwergspitzes dürften jedoch eher in arktischen Regionen liegen. Seine Vorfahren waren auf jeden Fall größer und wogen bis zu 13,6 kg. Bis ins Jahr 1896 wurde mit verschiedenen Gewichtsklassen operiert, doch seit 1915 gilt für den Zwergspitz ein Höchstgewicht von nur mehr 3,6 kg.

Der Zwergspitz mit seinem fuchsartigen Gesicht und intelligenten Ausdruck existiert in einer Vielzahl von Farbvarietäten, die jedoch keine schwarzen oder weißen Schattierungen aufweisen dürfen. Farben sind: Weiß, Schwarz, Braun, Hell- oder Dunkelblau (so blaß wie möglich), Orange (möglichst einheitlich und hell), Biberfarben und Creme.

Cremefarbene Hunde müssen schwarze Nasen und Augenränder aufweisen, weiße Spitze dürfen keine gelblichen Nuancen haben.

KURZINFO

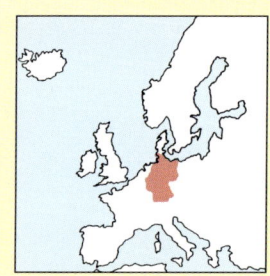

Charakter: Wohlgelaunt, robust und anhänglich. Hält sich für einen weitaus größeren Hund.
Bewegung: Individuell verschieden (vom Spiel im Garten bis zum Landspaziergang).
Pflege: Das Fell, das aus einer kurzen, flauschigen Unterwolle und langen, geraden Deckhaaren besteht, bedarf intensiver Pflege. Tägliches Bürsten und regelmäßiges Trimmen.
Futtermenge: Etwa 1/2 Dose (à 400 g) Markenfleischnahrung plus Biskuits in gleicher Menge (Volumen).
Lebenserwartung: Oft über zehn Jahre.
Fehler: Zu weit auseinanderliegende Augen.

ZWERGPINSCHER

Beim Zwergpinscher (die rötliche Varietät wird als Rehpinscher bezeichnet) handelt es sich entgegen der landläufigen Annahme nicht um eine heruntergezüchtete Ausgabe des Dobermanns. Er verkörpert statt dessen eine viel ältere Rasse, die vom Deutschen Pinscher und somit womöglich vom Dachshund und Italienischen Windspiel abstammt.

Der Zwergpinscher ist ein hochläufiger Hund mit einem natürlichen Showtalent. Als typischer Vertreter einer Zwergrasse ist er allerdings recht eigensinnig und wird leicht zum Kläffer. Der Hund ist aber so attraktiv, daß die meisten Besitzer ihm fast alles nachsehen.

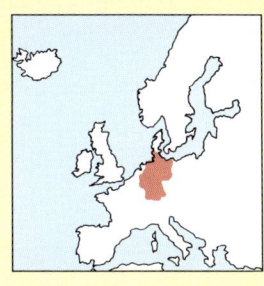 

KURZINFO

Charakter: Furchtlos, selbsteingenommen, lebhaft und intelligent. Unproblematisch in der Haltung.
Bewegung: Paßt sich den Bedürfnissen seines Halters an. Für städtische Umgebungen geeignet.
Pflege: Tägliches Bürsten und Abreiben mit einem Fensterleder.
Futtermenge: Etwa 1/2 Dose (à 400 g) Markenfleischnahrung plus Biskuits in gleicher Menge (Volumen).
Lebenserwartung: Guter Durchschnitt.
Fehler: Fehlerhafte Stellung der Hinterhand.

Die Schulterhöhe beträgt 25,5 bis 30 cm. Farben sind: Schwarz, Blau und Schokoladenbraun mit lohfarbenem Brand oder reines Rot.

Der Zwergpinscher wurde bereits 1895 vom Deutschen Pinscher-Schnauzer-Klub als Rassehund anerkannt.

Varietäten (von oben nach unten): Schwarz, Rehfarben, Blaugrau und Schokoladenbraun.

PEKINESE

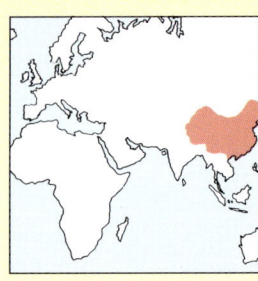

Charakter: Reserviert, würdevoll und ausgeglichen.
Bewegung: Trotz seiner glamourösen Auftritte im Ausstellungsring geht der Pekinese auch gern einmal querfeldein. Parkspaziergänge genügen ihm jedoch auch.
Pflege: Täglich, mit einer weichen Bürste. Bauchseite nicht vergessen!
Futtermenge: Etwa 1/2 Dose (à 400 g) Markenfleischnahrung plus Biskuits in gleicher Menge (Volumen).
Lebenserwartung: Oft deutlich über zehn Jahre.
Fehler: Kuppelförmig gewölbter Schädel.

Der Pekinese scheint sich seiner kaiserlichen Herkunft stets bewußt zu sein. Er gelangte erst nach 1860 in den Westen, nachdem britische Truppen den kaiserlichen Sommerpalast in Peking geplündert und in Brand gesteckt hatten und fünf in den Damengemächern entdeckte Pekinesen nach England verschifft worden waren. »Looty«, eines der Tiere, wurde Königin Victoria zum Geschenk gemacht und später von dem Maler Landseer verewigt.

CHARAKTERKOPF

Im kaiserlichen Palast wurde der Pekinese einst von Sklavinnen gesäugt und von Eunuchen behütet. Auch heute noch hat der Pekinese seine Marotten, die ein äußerst wachsames Auge verlangen. Wenn die Zuneigung dieses eigensinnigen Hundes erst einmal gewonnen ist, kann man sich allerdings kaum einen treueren Begleiter vorstellen.

Der Tibet Spaniel stammt vermutlich vom Lhasa Apso und Chinesischen Spaniel ab.

Der als heilig geltende Hund lebte damals in Klöstern und in Palästen.

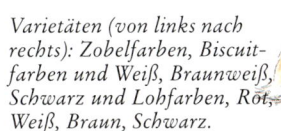

Varietäten (von links nach rechts): Zobelfarben, Biscuitfarben und Weiß, Braunweiß, Schwarz und Lohfarben, Rot, Weiß, Braun, Schwarz.

Pekinesen eignen sich nicht für den Zwinger. Als Begleithunde wissen sie vielmehr die häuslichen Freiheiten zu schätzen. Das Idealgewicht des Pekinesen sollte nicht über 5 kg (Rüde) bzw. 5,5 kg (Hündin) liegen. Pekinesen mit einem Gewicht von höchstens 2,75 kg bezeichnet man auch als »Ärmelhunde« (angeblich, weil sie in den weiten Ärmeln der Mandaringewänder versteckt wurden). Zahlreiche Farben und Zeichnungen sind erlaubt. Nicht zulässig sind Albino und Leberfarbe. Mehrfarbige Tiere werden nur mit gleichmäßiger Farbverteilung geduldet.

Links: Der Japan Chin dürfte hauptsächlich vom Pekinesen und Tibet Spaniel abstammen. Er gelangte im 15. Jahrhundert erstmals nach Europa.

CAVALIER KING CHARLES SPANIEL

Der anmutige Cavalier King Charles Spaniel ist speziell in seiner englischen Heimat dank seines ausgeglichenen Temperaments ungemein beliebt. Dieser treue Familien- und Begleithund ist oft auf Ausstellungen vertreten.

Bedauerlicherweise sind die zwischen dem Cavalier und dem King Charles Spaniel bestehenden Unterschiede auch manchem Hundehalter nicht bekannt: Der Cavalier ist größer und verfügt im Gegensatz zum deutlich gewölbten Kopf des King Charles Spaniel über einen zwischen den Ohren nahezu flachen Schädel mit weniger markantem Stirnabsatz. Darüber hinaus bestehen keine Unterschiede.

Beide Rassen haben einen gemeinsamen Ursprung. Der King Charles, dessen 2000 Jahre alte Ahnenreihe nach Japan zurückreicht, wurde am Hof der Stuarts im England des 16. Jahrhunderts populär. Oft wurde berichtet, daß der englische König Charles II. in den Ratssitzungen mehr Zeit im Spiel mit seinen Spaniels verbrachte als mit der Erledigung von Staatsangelegenheiten und daß die Hunde Zutritt zu seinem Schlafgemach hatten.

Der King Charles war damals noch langschnäuziger und hatte eine stärkere Ähnlichkeit mit dem Cavalier.

Der heutige King Charles verdrängte den alten Typus, als kurzköpfige Rassen in Mode kamen. Ab 1920 entschloß sich eine Gruppe von Züchtern, den althergebrachten Typus rückzuzüchten – wobei sie dem Namen mit Bedacht das Wort »Cavalier« voranstellten.

Der Cavalier wiegt 5,4 bis 8 kg. Farben sind: Black and tan, Ruby (kräftiges, einheitliches Rot), Blenheim (gut abgesetzte Abzeichen in kräftigem Kastanienbraun auf perlweißem Grund) und Tricolor (gut abgesetztes und verteiltes Schwarzweiß).

Varietäten (von links nach rechts): Blenheim, Ruby, Tricolor, Black and tan.

Cavalier King Charles Spaniel

KURZINFO

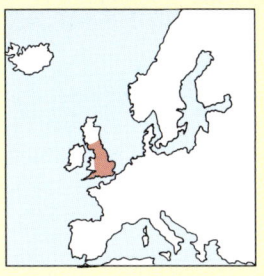

Charakter: Sportlich und furchtlos. Kinderlieb, idealer Familienhund.
Bewegung: Ausgiebige Spaziergänge. (Nicht für den Außenzwinger geeignet.)
Pflege: Täglich, mit einer Naturborstenbürste. Augenpartie von Tränenstreifen freihalten.
Futtermenge: Etwa 3/4 Dose (à 400 g) Markenfleischnahrung plus Biskuits in gleicher Menge (Volumen).
Lebenserwartung: Hoch.
Fehler: Die Beliebtheit der Rasse führt in einigen Ländern zur »Fließbandproduktion«.

Oben: Der Cavalier King Charles Spaniel hat einen vergleichsweise flachen Schädel. Abgebildet ist die Farbvarietät »Blenheim« (Kastanienbraun und Weiß).

Links: Markenzeichen des King Charles Spaniel sind ein stark kuppelartiger Schädel und sehr lange Hängeohren.

CHIHUAHUA

Langhaar-Chihuahua. Trotz seines Zwergwuchses mangelt es dem Chihuahua nicht an Mut und Intelligenz.

KURZINFO

Charakter: Mutig, loyal und intelligent. Ausgezeichneter Miniwachhund.

Bewegung: Chihuahuas gehören keinesfalls nur auf den Arm. Sie finden auch an längeren Spaziergängen durchaus Gefallen.

Pflege: Bürsten mit einer weichen Bürste und Abreiben mit einem Samtschwamm oder Fensterleder bringt das Fell zum Glänzen. Augenregion ebenfalls sauberhalten.

Futtermenge: 1/3 bis 1/2 Dose (à 400 g) Markenfleischnahrung plus Biskuits in gleicher Menge (Volumen).

Lebenserwartung: Weit über zehn Jahre, die besonders kleinen Exemplare jedoch meist weniger.

Fehler: Kipp- oder Knickohren.

Mit einem Idealgewicht von 0,9 bis 2,7 kg ist der Chihuahua der kleinste Hund der Welt. Dies bedeutet jedoch nicht, daß Chihuahuas sich als kleine Hunde betrachten würden. Vielmehr halten sie sich für wahre Riesen und sind tollkühn genug, es mit allen Eindringlingen aufzunehmen. So ist es auch gar nicht untypisch, daß ein Chihuahua knurrend etwa auf einen Dobermann losstürmt, der ihm – so er denn Glück hat – allein mit Verachtung begegnet.

Der Chihuahua hält sich bevorzugt im Kreis seiner Artgenossen auf, auch wenn er mit anderen Haustieren sein Auskommen finden mag. Welpen oder neu aufgenommene Hunde benötigen etwas Zeit, um volles Vertrauen in ihren Besitzer zu fassen. Sie sind jedoch von Beginn an fest entschlossen, den Ton anzugeben. Größennachteile gleichen sie durch ein hohes Maß an Intelligenz aus.

Der Chihuahua, der nach dem gleichnamigen mexikanischen Staat benannt ist, soll bei den Azteken als heiliger Hund gegolten haben. Zahlreiche Quellen sprechen dafür, daß die von China nach Südamerika gelangten Nackthunde ihren Teil zur Hervorbringung des prächtigen Chihuahua beitrugen.

Die Entscheidung für die Langhaar- oder die Kurzhaarvarietät ist schlichtweg eine Frage des persönlichen Geschmacks. Mancher mag Kurzhaarhunde einfach lieber, ein anderer wiederum findet Gefallen an der Pracht – und auch an der Pflege – eines glänzenden, langen Fells. Eine Zeitlang war es erlaubt, beide Varietäten miteinander zu verpaaren, und so konnte es geschehen, daß sich in dem gleichen Wurf kurz- und langhaarige Welpen fanden. Heute jedoch werden beide Varietäten in getrennten Klassen ausgestellt.

Erlaubt sind sämtliche reinen Farben und Mischfarben, einschließlich Blau und Schokoladenbraun. Die Augen sind dunkel, bei schokoladenbraunem Fell jedoch rubinrot. Helle Augen bei heller Fellfarbe sind durchaus zulässig.

Rechts: Den flügelartigen Ohren verdankt der Papillon seinen Namen. Seine Herkunft ist unbekannt, doch er dürfte auch den Chihuahua zu seinen Vorfahren zählen. In Europa war er früher ein Modehund.

Varietäten. Oben, von links nach rechts: Creme, Rehfarben, Schwarzweiß. Unten, von links nach rechts: Braun und Lohfarben, Braunweiß, Schwarz und Lohfarben.

Chihuahua (Langhaar)

ITALIENISCHES WINDSPIEL

Das Italienische Windspiel gleicht einem kleinen, jedoch insgesamt schlanker geratenen Greyhound. Dieser anhängliche und sensible Hund braucht seinen Freiraum. Obgleich die Rasse in England zuletzt als »ideales Haustier« beworben wurde, muß man bedenken, daß als Halter nur äußerst umsichtige Menschen in Frage kommen. Der Hund ist nämlich in der Enge des Haushalts anfällig für Knochenbrüche, kommt bei Frost nicht ohne ein Mäntelchen aus und hat unter harschen Worten schwer zu leiden.

KURZINFO

Charakter: Intelligent, anmutig, sanftmütig, gehorsam.
Bewegung: Benötigt reichlich Auslauf. Doch Vorsicht: Die schlanken Läufe sind anfällig für Knochenbrüche!
Pflege: Bürsten und Abreiben mit einem Fensterleder oder Frottierhandtuch.
Futtermenge: Etwa 1/2 Dose (à 400 g) Markenfleischnahrung plus Biskuits in gleicher Menge (Volumen).
Lebenserwartung: Guter Durchschnitt.
Fehler: Schwarzes oder blaues Fell mit lohfarbenen Abzeichen oder besonders gestromt.

Die Rasse, die unverkennbar vom Greyhound abstammt, existiert bereits seit langer Zeit in der heutigen Form. Zeitweilig wurde der verhängnisvolle Versuch unternommen, sie durch Einkreuzen von English Toy Terriern weiter zu verkleinern. Hiervon erholte sich die Rasse erst in den 70er Jahren wieder, nachdem ihre Blutlinie durch aus Italien eingeführte Tiere aufgefrischt worden war.

Das Gewicht dieses leidenschaftlichen Kaninchenjägers beträgt 2,7 bis 4,5 kg. Farben sind: Schwarz, Blau, Creme, Rehfarben, Rot und Weiß oder eine dieser Farben mit Weiß unterbrochen.

Varietäten (von links nach rechts): Rehfarben, Schwarz-weiß, Weiß, Creme, Schwarz, Rot, Blau.

Der Whippet stammt vom Greyhound ab, aber auch Terrierblut dürfte in seinen Adern fließen. Im 19. Jahrhundert wurde er in England erstmals für die Hasenjagd gezüchtet.

115

AIREDALE TERRIER

Links: Obgleich er einen typischen Terrier verkörpert, fügt sich der Welsh Terrier hervorragend in den Familienhaushalt ein.

Unten: Der Lakeland Terrier ist mit dem Welsh Terrier verwandt, der dieselben Vorfahren hat wie der Airedale Terrier.

KURZINFO

Charakter: Freundlich, mutig, intelligent und kinderlieb.
Bewegung: Viel, vor allem bei Haltung in der Stadt.
Pflege: Täglich, mit einer harten Bürste. Zweimal jährlich professionelles Trimmen.
Futtermenge: Ungefähr 1 bis 1 1/2 Dosen (à 400 g) Markenfleischnahrung plus Biskuits in gleicher Menge (Volumen).
Lebenserwartung: Guter Durchschnitt.
Fehler: Hängeohren oder zu hoch ansetzende Ohren.

Der Airedale verkörpert die größte Terrierrasse und stammt aus dem Tal (dale) des Aire-Flusses in der englischen Grafschaft Yorkshire. Die von den ansässigen Wildhütern zwecks Raubzeugvernichtung gehaltenen Terrier wurden fraglos mit dem Otterhound gekreuzt. Dies ergab den Airedale Terrier, einen ausgezeichneten Ratten- und Entenjäger, den man auch für andere Jagdarten und zum Diensthund abrichten kann.

Der Airedale zeigt ein stetiges Temperament, steht ungern im Abseits und ist Kindern ein hervorragender Spielgefährte. Während einige Airedales gefügig wie ein Lamm sind, gibt es auch solche, die einer Rauferei mit anderen Hunden nicht abgeneigt sind, hinter Motorrädern herjagen und sich zu rechten Störenfrieden entwickeln. Der Welpe sollte daher unbedingt von einem auf Qualität und Temperament bedachten Züchter stammen.

Der Anblick eines guten Airedale ist eine wahre Wonne. Für Ausstellungszwecke muß der Hund von Hand getrimmt werden – eine Fähigkeit, die sich jeder kostenbewußte Halter aneignen sollte.

Der Airedale Terrier wurde als Polizeihund eingesetzt, bevor der Deutsche Schäferhund ihn in dieser Funktion weitgehend ablöste. Auch bei den Streitkräften versah der Hund gute Dienste. Trotz seiner Größe (Rüde: 58 bis 61 cm, Hündin: 56 bis 59 cm) kann der Airedale bei ausreichendem Auslauf auch in der Stadt gehalten werden. Farben: Sattel, Nacken und Oberseite der Rute sind in der Regel schwarz oder sunkelgrau, alle übrigen Partien lohfarben.

Varietäten: Schwarz und Lohfarben (oben), Dunkelgrau.

NORFOLK UND NORWICH TERRIER

Der aus dem englisch-schottischen Grenzland stammende Border Terrier ist ein robuster und überaus gewandter Jäger, der zur Verbesserung anderer Rassen eingesetzt wurde.

Varietäten (von oben nach unten): Weizenrot, Rot, Grau, Schwarz geflammt.

Die Stellung ihrer Ohren ist der einzige auffällige Unterschied zwischen dem Norfolk (Kippohren) und dem Norwich Terrier (Stehohren). Außerdem verfügt der Norfolk Terrier über einen geringfügig längeren Hals. Um beide Rassen auseinanderzuhalten, gibt es folgende Merkhilfe: Die Ohren des Norfolk sind flach wie das Land, die des Norwich jedoch streben nach oben wie die Türme des Doms von Norwich.

Beide Rassen entstanden ab 1880 in England. Bereits in den 1860er Jahren war ein Colonel Vaughan aus dem irischen Ballybrick mit einer Meute roter Kleinterrier auf die Jagd gegangen. Diese und auch die zahlreichen steh- und kippohrigen Terrier gehen auf den Irish Terrier zurück. Das zeitweise übliche Kupieren der Kippohren wurde nach öffentlichen Protesten für ungesetzlich erklärt.

Maßgeblich an der Entwicklung des Norwich waren Jodrell Hopkins, ein Pferdehändler aus Trumpington, und sein Angestellter Frank Jones beteiligt. Dieser kreuzte einige der von Hopkins' Hündin geworfenen Welpen mit anderen Terriern, zu denen auch der Glen of Imaal Terrier zählte.

Die so entstandenen Jones oder Trumpington Terrier erfreuten sich unter den Studenten der Universität von Cambridge besonderer Beliebtheit. Der Name »Norwich Terrier« wurde erst nach dem Ersten Weltkrieg gebräuchlich.

Norfolk Terrier

Norwich und Norfolk Terrier wurden 1964 vom
United Kingdom Kennel Club als eine Rasse anerkannt. Die formale Unterscheidung beider Rassen erfolgte im Januar 1979. Der robuste und kinderliebe
Norfolk Terrier ist ein idealer Familienhund.

Die Schulterhöhe beträgt bei beiden Rassen etwa
25 bis 26 cm. Farben sind: Rot, Weizenrot, Schwarz
geflammt oder Grau in sämtlichen Schattierungen.
Weiße Abzeichen oder Flecken sind nicht zulässig.

*Rechts: Der Norwich Terrier
ist vom Norfolk Terrier am
besten durch seine Stehohren
zu unterscheiden.*

119

BULLTERRIER

Dem Bullterrier ergeht es nicht anders als den meisten seiner Verwandten: entweder man liebt, oder man haßt ihn. Manche halten den Bullterrier für das häßlichste Geschöpf überhaupt, andere finden ihn ungemein attraktiv. Der Instinkt dieser ehemaligen Kampfhunde ist immer noch extrem stark. Sie gehören daher nicht in unerfahrene Hände. Bullterrier sind jedoch anhängliche und loyale Begleiter und kommen gut mit Kindern aus (vor allem die Hündin). Voraussetzung ist, daß sie bedachtsam, aber konsequent diszipliniert und in der geeigneten Umgebung gehalten werden.

Nachdem die Bullenhetze 1835 durch Parlamentsentscheid verboten worden war, entschloß sich ein gewisser James Hinks aus Birmingham zusammen mit einer Gruppe gleichgesinnter Züchter, die Rasse unter Bewahrung ihrer enormen Kraft und Zähigkeit züchterisch zu verbessern. Durch Kreuzen von White English Terriern mit Bulldoggen und Dalmatinern ergab sich eine neue Rasse von englischen Bullterriern. Der gestromte Bullterrier entstand erst später.

Für den Bullterrier existieren keine offiziellen Größen- oder Gewichtsgrenzen; der Standard verlangt jedoch eine der Größe, Qualität und dem Geschlecht des Hundes entsprechende maximale Substanz.

Farben sind: Weiß, Schwarz, Gestromt, Rot, Rehfarben, Dreifarbig.

Links: Die Schulterhöhe des Bullterriers ist offiziell nicht festgelegt. Es gibt daher auch eine sehr kleine Varietät.

Unten: Zu den beim Bull Terrier erlaubten Fellfarben zählt auch Weiß.

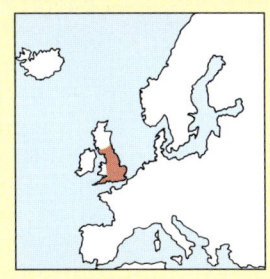

KURZINFO

Charakter: Gilt als der Gladiator unter den Hunden. Nichts für den Anfänger, doch für den hingebungsvollen Halter ausgezeichnet geeignet.
Bewegung: Lebhafter Hund, großer Bewegungsdrang.
Pflege: Bürsten und Abfrottieren.
Futtermenge: Etwa 1 1/2 Dosen (à 400 g) Markenfleischnahrung plus Biskuits in gleicher Menge (Volumen).
Lebenserwartung: Durchschnittlich.
Fehler: Starrköpfigkeit. Blaue oder bläuliche Augen.

Varietäten (von oben nach unten, jeweils von links nach rechts): Weiß, Schwarz. Rot, Rehfarben. Gestromt, Dreifarbig.

121

STAFFORDSHIRE BULLTERRIER

Die Bulldogge war eine jener Rassen, die bei der im 19. Jahrhundert erfolgten Züchtung des Staffordshire Bullterriers eine Rolle spielten. Seine kurzen Läufe, die tiefe Brust und eine liebenswerte Grundhaltung gegenüber dem Menschen verhalf dem »Staffy« zu einer großen Fangemeinde.

Wie der Bullterrier verfügt auch der beliebte »Staffy« über eine eigene Fangemeinde. Kinder müssen sich vor diesem loyalen Familienhund nicht fürchten, wohl aber gelegentlich andere Hunde.

So ist es nicht unbedingt jedermanns Sache, von einem Hund ausgeführt zu werden, der mit allen Kräften an der Leine zerrt, weil er sich mit seinen Artgenossen anlegen möchte. Ratsam ist daher der Besuch einer Hundeschule bereits im Welpenalter, um das Tier an andere Hunde zu gewöhnen.

Der Staffordshire Bullterrier entstand im 19. Jahrhundert aus der Paarung von Bulldogge und Terrier. Bei letzterem könnte es sich durchaus um den Old English Black-and-tan-Terrier gehandelt haben, einen Vorläufer des Manchester Terriers, der vom United Kingdom Kennel Club seit etwa 1930 anerkannt ist.

Der Staffordshire Terrier oder Staffy darf nicht mit dem unrühmlichen Pitbull Terrier verwechselt werden, dessen korrekter Name American Staffordshire Terrier lautet. Der American Kennel Club gestattete zeitweilig die gemeinsame Ausstellung und auch die Kreuzung beider Rassen. Der den Staffordshire Bull-

KURZINFO

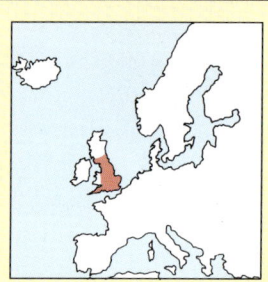

Charakter: Mutig, intelligent und anhänglich. Kinderlieb.
Bewegung: Dem unbändigen Bewegungsdrang entspricht, wie auch beim Bullterrier, eine kontrollierte ländliche Haltung am besten.
Pflege: Bürsten und Abfrottieren erhalten den natürlichen Glanz des Fells.
Futtermenge: 1 bis 1 1/2 Dosen (à 400 g) Markenfleischnahrung plus Biskuits in gleicher Menge (Volumen).
Lebenserwartung: Guter Durchschnitt.
Fehler: In unterschiedlicher Weise vom Standard abweichende Ohrformen.

terrier an Gewicht weit übertreffende Pitbull entstand in England durch Kreuzen von Englischer Bulldogge und Englischem Terrier. Nachdem diese Rasse 1870 in die USA gelangt war, wurde sie rasch unter verschiedenen Namen wie Pit Dog, Pitbullterrier oder Yankee Terrier bekannt. Zwar soll es auch lammfromme Pitbulls geben, doch insgesamt sind diese Hunde nicht als Haustiere zu empfehlen.

Der Staffordshire Bull Terrier wiegt 13 bis 17 kg (Rüde) bzw. 11 bis 15,5 kg (Hündin). Die dem jeweiligen Gewicht entsprechende Schulterhöhe beträgt 36 bis 41 cm. Farben sind: Rot, Rehfarben, Weiß, Schwarz und Blau oder eine dieser Farben plus Weiß sowie Gestromt in verschiedenen Schattierungen mit oder ohne Weiß. Als unerwünscht gelten Schwarz und Lohfarben sowie Leberfarben.

Varietäten (von oben nach unten):
Rehfarben, Weiß, Rot, Schwarz,
Blau, Gestromt, Rotweiß.

123

WEST HIGHLAND WHITE TERRIER

Der beliebte »Westie« ist ein echter Schotte, der mit dem Dandie Dinmont und dem Cairn Terrier gemeinsame Vorfahren aufweist. Anfang dieses Jahrhunderts wurden zahlreiche dieser für die Jagd auf Raubzeug und anderes Kleingetier gezüchteten Terrier miteinander gekreuzt.

Man weiß, daß ein gewisser Colonel Malcolm aus Poltalloch Ende des 19. Jahrhunderts weiße Scottish Terrier, die sogenannten Poltalloch oder Roseneath Terrier, besaß.

Der »Westie« ist ein wohlgelaunter, anpassungsfähiger Hund, der auch im Zwinger leben würde, diesem jedoch den Aufenthalt im Kreis seiner Familie unendlich vorzieht. Aufgrund seiner großen Beliebtheit ist es wichtig, beim Welpenkauf nicht auf einen auf Masse bedachten Züchter hereinzufallen.

Die Schulterhöhe des West Highland White Terrier beträgt ungefähr 28 cm, bei einem Gewicht von 7 bis 8,5 kg. Einzige Farbe ist Reinweiß, weshalb er eigentlich gar nicht mit dem Scottish Terrier verwechselt werden kann, der einst unter dem Namen Aberdeen Terrier bekannt war. Der »Westie« ist insgesamt kürzer und hat einen kürzeren Kopf und kleinere Ohren als der »Scottie«. Die Augen sollten dunkel und nicht engstehend sein. Kleine, spitze Stehohren sind erwünscht.

Oben rechts, Seite 125: Cairn Terrier und West Highland White Terrier haben gemeinsame Vorfahren. Diese beiden Terrierrassen wurden erst im 20. Jahrhundert voneinander unterschieden.

Rechts: Der aus dem englisch-schottischen Grenzland stammende Dandie Dinmont Terrier ist ebenfalls mit dem Cairn Terrier verwandt.

KURZINFO

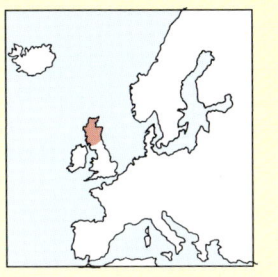

Charakter: Mutiger, robuster, anpassungsfähiger und attraktiver Familienhund.

Bewegung: Wenn der geborene Rattler und Jäger ausreichend Auslauf erhält, kann er auch in einer Stadtrandlage gehalten werden.

Pflege: Tägliches Bürsten und Kämmen. Als Ausstellungsaspirant muß der Hund (wie auch der Airedale Terrier) zweimal jährlich von Hand getrimmt werden und bedarf zwischendurch regelmäßiger Fellpflege.

Futtermenge: Etwa 1 Dose (à 400 g) Markenfleischnahrung plus Biskuits in gleicher Menge (Volumen).

Lebenserwartung: Hoch.

Fehler: Vorstehende Nase, helle Augen.

SETTER

Der Gordon Setter hat ein schwarzes Fell mit kastanienfarbenem Brand.

Zu seinen Vorfahren dürften der Bloodhound und auch der Collie zählen.

Setter sind ausgezeichnete Vorstehhunde und zugleich ideale Begleithunde. Sie sind jedoch in keiner Weise als Wachhunde geeignet, da sie einen Einbrecher wohl eher zum Spielen einladen würden, anstatt ihn abzuschrecken.

Die einzelnen Setter werden gelegentlich leicht miteinander verwechselt. Der populärste (und vor allem als junger Hund) eigensinnigste ist der Irish Setter. Er entstand durch Kreuzen von Irish Water Spaniel, English Springer Spaniel, English und Gordon Setter sowie Spanischem Pointer.

Der Irish Setter hatte ursprünglich ein weiß-rotes Fell. Heute gilt der Irish Red and White Setter als eigenständige Rasse.

Der English Setter – auch er ein kinderlieber, erstklassiger Jagdhund – hat ein dreifarbiges oder ein weißes Fell mit schwarzen, gelben oder braunen Abzeichen. Der Gordon Setter (tiefschwarzes Fell mit kastanienfarbenem Brand) ist der einzige aus Schottland gebürtige Vorstehhund. Seine Heimat ist Gordon Castle (Banffshire), der Stammsitz der Herzöge von Richmont und Gordon, weshalb er ursprünglich als Gordon Castle Setter bekannt war. Collie und Bloodhound sollen zu seinen Vorfahren zählen.

Der vergleichsweise seltene Gordon Setter ist ein schneller und ausdauernder Vorstehhund sowie ein ausgezeichneter Apportierer.

Varietäten. Links: Schwarz-weiß, Leberfarben und Weiß, Limonenfarben und Weiß, Dreifarbig. Rechts: Irish (Rot), Rotweiß, Gordon.

KURZINFO

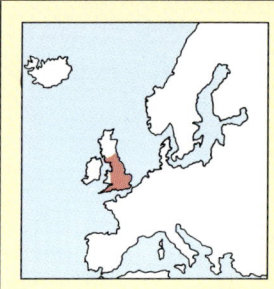

Charakter: Unermüdlich und jagdfreudig. Gut zu Kindern, Pferden und anderen Tieren.
Bewegung: Es wäre grausam, diesem überschwenglichen Hund beengte Räumlichkeiten zu bieten.
Pflege: Täglich, mit einer harten Bürste. Stahlkamm gegen Verfilzung des Fells. Der Züchter erteilt Auskunft über eventuelles Trimmen.
Futtermenge: Etwa 1 1/2 Dosen (à 400 g) Markenfleischnahrung plus Biskuits in gleicher Menge (Volumen).
Lebenserwartung: Bisweilen mehr als zehn Jahre.
Fehler: Extreme Überschwenglichkeit (falls Sie dies als Fehler ansehen).

Die Schulterhöhe der Setter beträgt 65 bis 68 cm (Rüde) bzw. 61 bis 65 cm (Hündin). Wie auch der Labrador und Golden Retriever ist ein Setter der ideale Hund für eine Familie, vor allem, wenn sie sich einen erstklassigen Begleithund mit hohen jagdlichen Qualitäten wünscht. Dem ist jedoch durch reichlich Auslauf Rechnung zu tragen.

Der English Setter stammt vermutlich vom Spaniel ab. Ein weißes Fell mit schwarzen Tupfen ist eine der Farbvarietäten.

Irish Setter

WEIMARANER

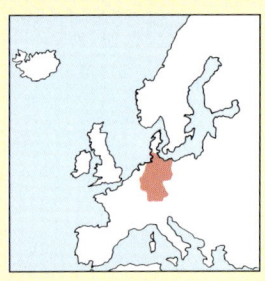

Charakter: Temperamentvoll und ausdauernd. Überaus gehorsam und wendig.
Bewegung: Die Energie und Intelligenz des Hundes müssen durch reichlich Auslauf gelenkt werden.
Pflege: Tägliches Bürsten.
Futtermenge: 1 1/2 bis 2 1/2 Dosen (à 400 g) Markenfleischnahrung plus Biskuits in gleicher Menge.
Lebenserwartung: Guter Durchschnitt.
Fehler: Seine hohe Intelligenz macht dem Halter oft zu schaffen.

Der Weimaraner – er trägt im englischen Sprachraum den Spitznamen »Silver Ghost« – wird nicht nur für die Jagd, sondern auch im Polizei- und Schutzdienst eingesetzt. Er wurde im späten 18. Jahrhundert am Hof zu Weimar als Vorstehhund gezüchtet. Bracken und Schweißhunde dürften wesentlich zu seiner Entstehung beigetragen haben. In Großbritannien und den USA ist er seit den frühen 50er Jahren sehr populär. Vor allem als Familienhund war der Weimaraner stark gefragt, gleichwohl können sich Probleme einstellen, denn ungeachtet seiner Anhänglichkeit eignet sich der Hund nicht für den Anfänger und gewinnt bei vernachlässigter Erziehung leicht die Oberhand. Bei ausreichender Bewegung kann der Weimaraner zwar auch in der Stadt gehalten werden, doch seiner hohen Intelligenz bekommt es am besten, wenn er mit einer Aufgabenstellung beschäftigt wird.

Der Magyar Vizla verfügt über gute Stöber- und Apportierqualitäten, gilt aber auch als Begleithund mit einer bis ins Mittelalter zurückreichenden Ahnenreihe.

Varietäten (von oben nach unten): Mausgrau, Silbergrau, Rehgrau.

Der Weimaraner ist ein recht großer Hund mit einer Schulterhöhe von 61 bis 69 cm (Rüde) bzw. 56 bis 64 cm (Hündin). Bevorzugt wird ein markantes Silbergrau mit etwas hellerer Schattierung von Kopf und Behang. Auch maus- oder rehgraue Farbtöne sind erlaubt. Entlang der Rückenlinie tritt gelegentlich ein dunkler Streifen (Aalstrich) auf.

Der temperamentvolle, hoch-intelligente Weimaraner bedarf einer sachkundigen Erziehung und Ausbildung.

AMERICAN UND IRISH WATER SPANIEL

Varietäten: Leberfarben (links), Schokoladenbraun (rechts).

Irish Water Spaniel

Der Irish Water Spaniel ist ein erstklassiger Wasserhund für die Jagd auf Federwild; zudem läßt er sich auch für andere Jagdarten abrichten. Der Hund muß jedoch von frühem Alter an zum Gehorsam erzogen werden und lernen, mit anderen Tieren auszukommen. Zugleich verkörpert er für jedermann einen anhänglichen Begleiter.

Wie der Großpudel, der einst ebenfalls als Wasserhund diente, entstand der Irish Water Spaniel vor gut 100 Jahren aus mehreren Spanielrassen.

Der American Water Spaniel hat ein dem Spaniel ähnliches Erscheinungsbild, verfügt aber über die gleichen Qualitäten wie sein irischer Vetter. Er soll aus der Kreuzung von Irish Water Spaniel und (was am naheliegendsten wäre) einem kleineren Spaniel oder aber dem Curly-Coated Retriever entstanden sein. Nach einem der ersten Züchter wird er bisweilen auch als Boykin Spaniel bezeichnet.

Die Schulterhöhe des Irish Water Spaniel beträgt 53 bis 58 cm (Rüde) bzw. 51 bis 56 cm (Hündin). Einzige Farbe ist ein kräftiges, dunkles Leberbraun mit einer für die Rasse charakteristischen purpurnen Schattierung. Der American Water Spaniel hat eine Schulterhöhe von 38 bis 46 cm. Erwünscht sind weiße Pfoten oder Brust bei leberfarbenem oder schokoladenbraunem Fell.

KURZINFO

Charakter: Loyal, ausdauernd, ausgezeichneter Wasserhund. Bisweilen mißtrauisch gegenüber Fremden.
Bewegung: Reichlich. Bei beengten Wohnverhältnissen keineswegs eine ideale Wahl.
Pflege: Regelmäßiges Bürsten (sonst droht Verfilzung des Fells). Gelegentliches Trimmen.
Futtermenge: Ungefähr 1 bis 1 1/2 Dosen (à 400 g) Markenfleischnahrung plus Biskuits in gleicher Menge (Volumen).
Lebenserwartung: Hoch.
Fehler: Tendenz zur Rauflust.

Oben: Das dunkelbraune Kraushaarfell des Irish Water Spaniel bedarf einer regelmäßigen Pflege.

Links: Obgleich sie als zwei verschiedene Rassen klassifiziert werden, besteht der augenfälligste Unterschied zwischen dem Curly-Coated und dem Flat-Coated Retriever in der Beschaffenheit ihres Fells, sieht man einmal vom geringfügig massiveren Körperbau des Curly-Coated Retriever ab.

GOLDEN RETRIEVER

Der umgängliche und kinderliebe Golden Retriever eignet sich zwar auch für eine Zwingerhaltung, gehört jedoch ungleich lieber mit zur Familie. Wie der Labrador Retriever ist er ein geeigneter Allzweckhund, der die Rolle des Jagdgefährten und des Familienhundes in idealer Weise in sich vereint. Dank seiner guten Auffassungsgabe ist der Golden Retriever auch ein beliebter Blindenhund.

Als unmittelbare Vorfahren des Golden Retriever gelten gemeinhin die 1860 auf dem schottischen Landgut des Lord Tweedmouth geborenen Retriever-Spaniel-Mischlinge. Es hält sich jedoch auch das Gerücht, die eigentlichen Ahnen seien eine Gruppe russischer Hütehunde, deren Zirkusdarbietung seine Lordschaft in Brighton beigewohnt haben soll. Angeblich sei Lord Tweedmouth von den Hunden derart beeindruckt gewesen, daß er die gesamte »Truppe« aufgekauft und später Bloodhounds eingekreuzt haben soll, um die »Nase« zu verbessern.

Die Schulterhöhe des Golden Retriever beträgt etwa 56 bis 61 cm (Rüde) bzw. 51 bis 56 cm (Hündin). Sämtliche Gold- oder Cremefarben sind erlaubt, einige weiße Haare an der Brust ebenfalls.

Varietäten (von links nach rechts): Hellgold, Creme, Dunkelgold.

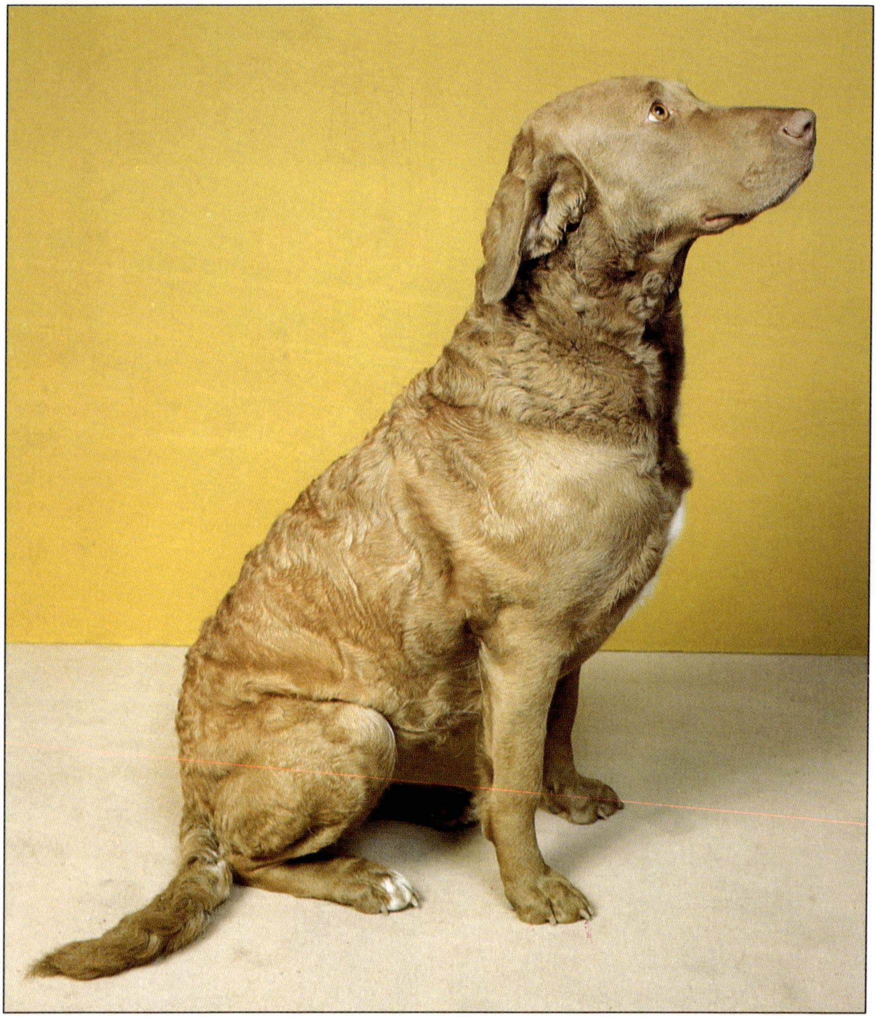

Der Chesapeake Bay Retriever dürfte vom Neufundländer sowie vom Flat-Coated und Curly-Coated Retriever abstammen. Dieser exzellente Schwimmer besitzt eine Art von »Schwimmhäuten« und ein dichtes, öliges Fell.

Der Golden Retriever vereint die Qualitäten eines Apportier- (daher sein Name) und eines Familienhundes.

KURZINFO

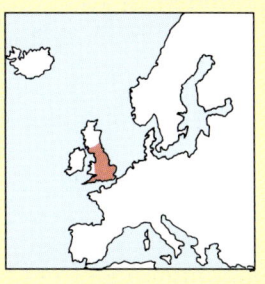

Charakter: Freundliches Wesen; temperamentvoll.
Bewegung: Reichlich Auslauf, um den Hund fit, ausgeglichen und in Form zu halten.
Pflege: Regelmäßiges Bürsten.
Futtermenge: 1 1/2 Dosen (à 400 g) Markenfleischnahrung plus Biskuits in gleicher Menge (Volumen).
Lebenserwartung: Guter Durchschnitt.
Fehler: Fehlerhafte Stellung der Hinterhand (Kuhhessigkeit) ist höchst unerwünscht.

LABRADOR RETRIEVER

Der Labrador Retriever wird oft mit dem Golden Retriever verwechselt – eine verständliche Tatsache, da beide Apportierhunde ein ähnlich gefärbtes Fell besitzen. Das Fell des Labrador ist jedoch kurz und dicht ohne Befederung, das des Golden hingegen lang (glatt oder gewellt) mit guter Befederung (also mit besonders langem Haar an den Hinterseiten der Läufe).

KURZINFO

Charakter: Gutmütig, anpassungsfähig und kinderlieb. Ausgezeichneter Begleit- und Apportierhund.
Bewegung: Reichlich, sonst rasche Gewichtszunahme.
Pflege: Regelmäßiges Bürsten.
Futtermenge: 1 1/2 bis 2 1/2 Dosen (à 400 g) Markenfleischnahrung plus Biskuits in gleicher Menge.
Lebenserwartung: Guter Durchschnitt.
Fehler: Fehlerhafte Stellung der Hinterhand (Kuhhessigkeit) ist höchst unerwünscht.

Varietäten (von links nach rechts): Schwarz, Gelb, Leber- oder Schokoladenfarben.

Auch der Labrador ist dank seiner Vielseitigkeit zurecht sehr populär. Der Überschwang des Jugendalters legt sich bei diesem anpassungsfähigen Hund recht bald. Ausreichend Bewegung lautet das oberste Gebot, zumal es eine Unmenge übergewichtiger Labrador Retriever gibt, vor allem kastrierte Hündinnen, die überfüttert und nicht intensiv genug bewegt werden.

GEHILFE DER FISCHER

Die ursprüngliche Aufgabe des aus Neufundland stammenden Labrador Retriever bestand darin, die Fischer beim Einziehen der Netze zu unterstützen. Seine Schwimmfähigkeit blieb bis heute erhalten. Die Rasse existiert in der derzeitigen Form mindestens seit 1830, wenn nicht länger, und dient heute als Drogen- und Sprengstoffspürhund, aber auch als Blindenhund.

Die Schulterhöhe des Labrador Retriever beträgt 56 bis 57 cm (Rüde) bzw. 54 bis 56 cm (Hündin). Farben sind: Einheitliches Schwarz oder Gelb bzw. Leber- und Schokoladenfarben. Das Gelb reicht von hellem Creme bis zur Rotfuchsfarbe. Die beliebtesten Farben sind Schwarz und vor allem Gelb, wobei die schwarzen Exemplare bisweilen als die besseren Apportierhunde gelten.

Oben: Erkennungszeichen des Flat-Coated Retriever ist ein an der Unterseite der Rute und den Hinterseiten der Läufe besonders langes Fell, das als Fahne bzw. Federn bezeichnet wird.

Links: Der Labrador Retriever hat ein kurzes, dichtes Fell. Die häufigsten Farben sind Gelb oder Schwarz, doch auch Schokoladenbraun tritt auf.

COCKER SPANIEL

Links: Dieser Amerikanische Cocker Spaniel präsentiert sein leicht gewelltes Fell und die auffälligen, für die Rasse charakteristischen »Hosen«.

Varietäten (von links nach rechts): Gold, Schwarz, Rot, Rotweiß, Schwarzweiß, Blau.

KURZINFO

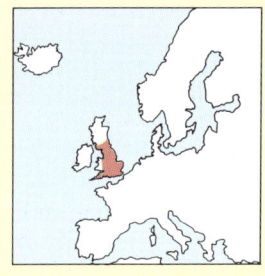 

Charakter: Angenehmes Wesen, gehorsam und intelligent. Erstklassig geeigneter Familienhund.
Bewegung: Viel Auslauf.
Pflege: Tägliches Bürsten und Kämmen, um Verfilzung des Fells zu vermeiden. Manche Halter binden dem Hund zu den Mahlzeiten die Ohren zurück, um zu verhindern, daß sie in den Futternapf tauchen.
Futtermenge: Etwa 1 bis 1 1/2 Dosen (à 400 g) Markenfleischnahrung plus Biskuits in gleicher Menge.
Lebenserwartung: Bisweilen mehr als zehn Jahre.
Fehler: Vorstehende Wangenknochen.

Folgende Würdigung des Cocker Spaniels ist überliefert: »Es gibt keinen angenehmeren, keinen anhänglicheren und aufgeweckteren Hund als den Cocker. Seine gut entwickelte Psyche macht ihn sehr interessant. In ihr vereinen sich Intelligenz, Gutmütigkeit und Schlauheit. Sein Gehorsam beruht nicht auf Unterwürfigkeit, sondern allein auf der Tatsache, daß er die Vorstellungen seines Halters teilt, dessen geringste Absichten er zu erahnen vermag. Sehr zuverlässig und äußerst wachsam, entgeht dem Cocker Spaniel kein verdächtiges Geräusch. Eindringlingen stellt sich der Hund mutig entgegen.«

Der Cocker – in Amerika als English Cocker bezeichnet – ist eigentlich spanischer Herkunft. Zumindest seit dem 14. Jahrhundert wurde der Hund in der Falknerei eingesetzt. Dieser Stöberhund ist zugleich auch ein bringfreudiger Apportierer. Seine Sanftmut und Schönheit ließen ihn zu einem äußerst beliebten Begleithund werden. Er reagiert auf frühzeitig einsetzende konsequente, doch bedachtsame Erziehung und kann einen überaus bereitwilligen Gebrauchshund abgeben. Die vor einigen Jahren bei den goldfarbenen Exemplaren aufgetretenen Probleme mit der Rasse-

Der English Springer Spaniel ist einer der größten Spaniel. Seinen Namen verdankt er der Fähigkeit, Wild aufzuscheuchen (aus dem Englischen: to spring).

echtheit dürften nunmehr hoffentlich der Vergangenheit angehören.

Die Schulterhöhe des Cocker beträgt 39 bis 41 cm (Rüde) bzw. 38 bis 39 cm (Hündin), das Gewicht ungefähr 12,7 bis 14,5 kg. Bei den verschiedenen einheitlichen Fellfarben ist mit Ausnahme der Brust kein Weiß erlaubt.

Der Amerikanische Cocker Spaniel ist kleiner als der englische Cocker Spaniel. Er hat ein seidiges (glattes oder leicht gewelltes) Fell mit auffälligen »Hosen«.

In England erstmals gezüchtet, doch in den USA, wo er äußerst populär ist, weiter ausgebaut, übertrifft der Amerikanische Cocker Spaniel seinen englischen Vetter an optischer Wirkung. Seine Schulterhöhe beträgt 36 bis 39 cm (Rüde) bzw. 34 bis 36 cm (Hündin), das Gewicht ungefähr 12 kg. Zahlreiche Fellfarben kommen vor. Kleiner als andere Jagdhunde, dient der Amerikanische Cocker heute meist als Begleithund.

FOXHOUND

Varietäten (von oben nach unten): Schwarz, Rehfarben und Weiß; Rehfarben und Weiß; Lohfarben und Weiß; Rot, Schwarz und Weiß.

Der English Foxhound mit typischem Fell in Schwarz, Lohfarben und Weiß.

Der Foxhound ist, so attraktiv er auch erscheinen mag, als Haushund vollkommen ungeeignet und wird – im Gegensatz zu den USA – in England allein im Rahmen von Sonderschauen ausgestellt.

Foxhounds sind in England trotz jüngerer Anfechtungen weiterhin unverzichtbarer Bestandteil der traditionellen Fuchsjagd. Ihr Leben spielt sich vornehmlich in ländlicher Abgeschiedenheit ab.

Der Foxhound stammt von dem älteren, schwereren Hubertushund ab, der durch Wilhelm den Eroberer nach England gelangte, sowie vom ebenfalls nicht mehr existierenden Talbot. Hubertus, der Patron der Jäger und Schützen, war Anfang des 8. Jahrhunderts Bischof von Lüttich.

AMERIKANISCHER FOXHOUND

Der Amerikanische Foxhound entstand wohl aus einer Meute von Foxhounds, die 1650 durch einen gewissen Robert Brooke nach Amerika gelangten. George Wa-

KURZINFO

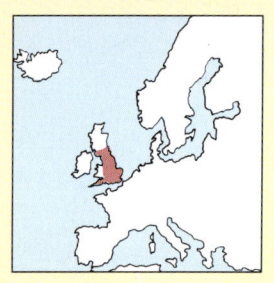

Charakter: Attraktiver, lautgebender Laufhund. Nicht für ein häusliches Umfeld geeignet.
Bewegung: Jagdhund! (Kommentar überflüssig).
Pflege: Fell mit einem Hundehandschuh abreiben.
Futtermenge: Kein herkömmliches Hundefutter, sondern Pferdefleisch und »Pudding« (ein Hafermehl enthaltendes, breiiges Mengfutter).
Lebenserwartung: Guter Durchschnitt.
Fehler: Ringelrute.

Der Foxhound fügt sich nicht problemlos in eine häusliche Umgebung ein und ist daher meist in zu Jagdzwecken gehaltenen Meuten anzutreffen.

shington soll ebenfalls Foxhounds aus Großbritannien und 1785 einige prächtige Exemplare aus Frankreich eingeführt haben. Der Amerikanische Foxhound veranschaulicht das Ergebnis der Kreuzung dieser englischen und französischen Laufhunde.

Die Schulterhöhe des Rüden beträgt etwa 58,5 cm, die der Hündin etwas weniger. Alle Fellfarben sind zulässig.

BEAGLE

Varietäten (von links nach rechts): Lohfarben und Weiß, Lohfarben, Grauweiß, Braunweiß, Rehfarben und Weiß.

KURZINFO

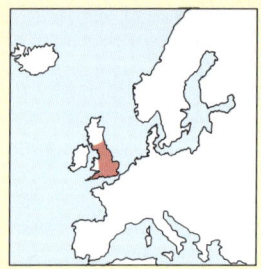

Charakter: Freundlicher, liebenswerter, jedoch recht »dickschädeliger« Hund.
Bewegung: Kann kaum genug bekommen.
Pflege: Das wetterbeständige Fell des Beagle erfordert minimalen Pflegeaufwand.
Futtermenge: 1 bis 1 1/2 Dosen (à 400 g) Markenfleischnahrung plus Biskuits in gleicher Menge (Volumen).
Lebenserwartung: Bisweilen mehr als zehn Jahre.
Fehler: Zerstörungstrieb, Ungehorsam und Streunen.

Der Beagle ist ein attraktiver Kleinhund mit einem Hang zum Streunen, der seinem Jagdinstinkt entspricht. Er zählt nicht unbedingt zu den gehorsamsten Hunden. Der eigentlich recht liebenswerte Beagle kann einen gehörigen Lärm entfalten. Viele Leute meinen, dieser Hund sei erst in einer Meute richtig aufgehoben, doch es gibt zahlreiche Beispiele dafür, daß ein Beagle 14 und mehr Jahre als anhänglicher, kinderlieber und meist recht robuster Begleithund gehalten wurde. Mit ihm spazierenzugehen, bereitet einfach großes Vergnügen.

Beagles sind spätestens seit Ende des 15. Jahrhunderts beurkundet. In England seit Jahrhunderten bei der Hasenjagd verwendet, wurden sie in Ceylon auf verwilderte Schweine angesetzt, in Skandinavien auf Rotwild und im Sudan auf den Schakal. In den USA können sie ihren Spürsinn in speziellen Wettbewerben unter Beweis stellen.

Die Schulterhöhe des Beagle muß 33 bis 40 cm betragen. Zulässig sind alle anerkannten Houndfarben außer Weiß. Die Oberbrust muß jedoch weiß sein.

IRISH WOLFHOUND

KURZINFO

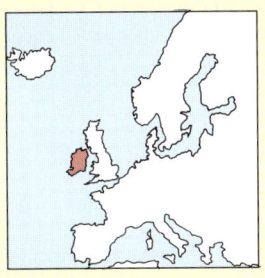

Charakter: Kinderlieber sanfter Riese.
Bewegung: Benötigt überraschenderweise keinen überdurchschnittlichen Auslauf, jedoch genügend Raum, um sich auszubreiten.
Pflege: Bürsten und gelegentliches Zupfen.
Futtermenge: Wenigstens 2 1/2 Dosen (à 400 g) Markenfleischnahrung plus Biskuits in gleicher Menge (Volumen). Speziell für den heranwachsenden Hund besorge man sich vom Züchter einen Ernährungsplan.
Lebenserwartung: Mäßig bis durchschnittlich.
Fehler: Kann nach Provokation zum Beißer werden.

Varietäten. Oben: Weizenfarben, Stahlgrau, Schwarz, Rehfarben. Unten: Grau, Weiß, Rot, Gestromt.

Wenn der Irish Wolfhound nicht gerade provoziert wird, ist er ein sanfter Riese – ein Hund, den viele gern besäßen, wären da nicht Platzbedarf und Futterkosten. Die Iren sind stolz auf »ihren« Hund, der ursprünglich für die Wolfsjagd gezüchtet wurde und im 3. Jahrhundert v. Chr. mit keltischen Invasoren vom Kontinent aus nach Irland gelangt sein soll.

Da wäre auch die tragische Geschichte von Gelert, dem Irish Wolfhound, der Anfang des 12. Jahrhunderts dem Prince of Wales, Llewellyn ap Iorwerth, von König Johann I. zum Geschenk gemacht wurde. Als Llewellyn eines Tages auf die Jagd ging, ließ er Gelert zurück, der auf seinen Sohn aufpassen sollte. Zurückgekommen, konnte er den Knaben nirgends erblicken und bemerkte, daß das Maul des Hundes blutverschmiert war. Einem Impuls folgend, tötete er das Tier mit seinem Schwert – worauf er einen Schrei hörte und ganz in der Nähe nicht nur seinen Sohn, sondern auch den Kadaver eines Wolfes fand. Zum Andenken an Gelert, den Irish Wolfhound, ließ Llewellyn eine Statue errichten.

Die Schulterhöhe des Irish Wolfhound beträgt mindestens 79 cm (Rüde) bzw. 71 cm (Hündin). Anerkannte Farben sind: Grau, Gestromt, Rot, Schwarz, Reinweiß, Rehfarben, Weizenfarben und Stahlgrau.

BLOODHOUND

Obgleich der Bloodhound in der literarischen Tradition eher ein Hund für Detektive ist, eignet sich diese äußerst sanftmütige, anhängliche und kinderliebe Rasse auch sehr gut als Haushund – vorausgesetzt allerdings, daß genügend Platz vorhanden ist und sich die Nachbarn durch das kaum überhörbare Gebell nicht gestört fühlen.

Der Bloodhound ist ein guter Wach-, jedoch kein Schutzhund. Er folgt geduldig der Geruchsspur seiner Beute, ohne sie jedoch am Ende anzugreifen. Dem großen Bewegungsdrang des zunehmend auch auf Ausstellungen vertretenen Bloodhound ist unbedingt Rechnung zu tragen.

Der Bloodhound gilt als eine der ältesten und reinblütigsten Rassen. Man nimmt an, daß seine Vorfahren vor mehr als 2000 Jahren im Mittelmeerraum (möglicherweise Griechenland oder Italien) lebten. Die Entwicklung zum heutigen Typus setzte ein, nachdem der Bloodhound 1066 durch Wilhelm den Eroberer nach England gelangt war.

Die Schulterhöhe des Bloodhound beträgt 66 cm beim Rüden und 61 cm bei der Hündin. Farben sind: Schwarz und Lohfarben, Leberfarben und Rot. Kleine weiße Abzeichen an Brust, Läufen oder Schwanzspitze sind zulässig.

Der Bloodhound ist ein ausgezeichneter Schweißhund. Er benötigt reichlich Auslauf.

KURZINFO

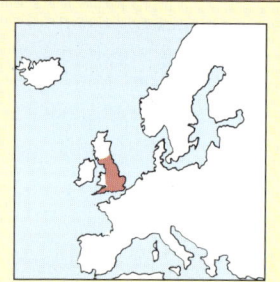

Charakter: Extrem ausgeprägter Spürsinn. Kinderlieb und bei ausreichendem Raumangebot ein geeigneter Begleithund.
Bewegung: Reichlich.
Pflege: Tägliches Abreiben mit einem Hundehandschuh.
Futtermenge: Ungefähr 2 bis 2 1/2 Dosen (à 400 g) Markenfleischnahrung plus Biskuits in gleicher Menge (Volumen).
Lebenserwartung: Durchschnittlich.
Fehler: Anfällig für Magenverdrehung.

Oben: Der Otterhound entstand durch Kreuzen von Bloodhound, Terrier und

Griffon. Bezüglich Spürsinn und Kinderliebe ähnelt er dem Bloodhound.

Varietäten (von oben nach unten): Schwarz und Lohfarben, Leberfarben, Rot.

BASENJI

Der Basenji verfügt gleich über mehrere Vorzüge: Er ist reinlich und geruchlos, bellt nicht, sondern gibt statt dessen ein jodelndes Heulen von sich und ist sanftmütig, anhänglich und kinderlieb.

Sehr eigentümlich ist auch, daß der Basenji eine Art Katzenwäsche vollzieht und etliche Sorgenfalten seine Stirn zieren.

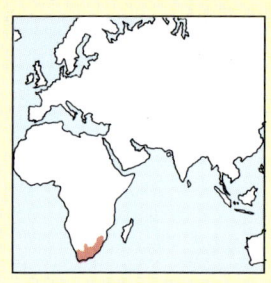 

KURZINFO

Charakter: Sanftmütig. Verträgt sich mit Kindern.
Bewegung: Der Basenji sollte nicht im Außenzwinger gehalten werden. Da er als Jagdhund gezüchtet wurde, weiß er freien Auslauf zu schätzen.
Pflege: Abreiben mit einem Hundehandschuh.
Futtermenge: Ungefähr 1 1/2 Dosen (à 400 g) Markenfleischnahrung plus Biskuits in gleicher Menge (Volumen).
Lebenserwartung: Durchschnittlich.
Fehler: Abneigung gegenüber Regen und die nur einmal jährlich eintretende Läufigkeit.

Varietäten (von links nach rechts): Rotweiß, Lohfarben und Weiß, Schwarzweiß, Schwarz.

Hunde vom Basenjityp finden sich bereits in den Grabstätten der Pharaonen dargestellt. Man vermutet, daß Reisende, die von den oberen Ausläufern des Nils kamen, solche Hunde als Tribut entrichten mußten.

Erst gegen Mitte des 19. Jahrhunderts wurde die Rasse durch Forscher im südlichen Sudan und Kongo »wiederentdeckt«. Der Großteil der hiesigen Hunde stammt aus dem Sudan, aber auch aus dem westafrikanischen Liberia.

Die ideale Schulterhöhe des Basenji beträgt 43 cm (Rüde) bzw. 40 cm (Hündin). Farben sind: Reines Schwarzweiß, Rotweiß, Schwarz, Lohfarben und Weiß sowie Lohfarben und Weiß mit lohfarbener Maske und »Melonenkernen«. Das Weiß sollte sich möglichst auf Pfoten, Brust und Schwanzspitze beschränken. Beine, Gesichtsblesse und Halskragen können ebenfalls weiß sein.

AFGHANISCHER WINDHUND

KURZINFO

Charakter: Loyal und im allgemeinen kinderlieb.
Bewegung: Reichlich freier Auslauf. Teilnahme an Windhundrennen.
Pflege: Täglich, mit einer Spezialbürste. Auch ein genoppter Gummihandschuh oder ein feuchtes Fensterleder sind von Nutzen.
Futtermenge: 1 1/2 bis 2 1/2 Dosen (à 400 g) Markenfleischnahrung plus Biskuits in gleicher Menge.
Lebenserwartung: Guter Durchschnitt.
Fehler: Übellaunigkeit im Jugendalter.

Der sehr beliebte Afghanische Windhund kann zu einem loyalen, anhänglichen Begleiter werden. Er bedarf indes einer konsequenten, doch einfühlsamen Erziehung. Zugleich muß berücksichtigt werden, daß der Hund nicht in der gewünschten Weise auf plum-

pe Einschüchterungsversuche reagiert. Mit anderen Worten: Vermitteln Sie ihm Ihre Zuneigung, doch behalten Sie das Heft in der Hand.

Der Afghane verkörpert eine derart altehrwürdige Rasse, daß ihn bereits Noah in seine Arche aufgenommen haben soll. Ein früher Vertreter dieser Rasse wurde bereits auf einem 5000 Jahre alten, auf dem Sinai entdeckten Papyrus beschrieben. Irgendwie jedenfalls gelangte die dem Greyhound ähnliche Rasse nach Afghanistan, wo sich gegen die Unbilden der Witterung das lange, seidige Fell entwickelte.

Die Schulterhöhe des Rüden beträgt 68 bis 74 cm, die der Hündin 63 bis 69 cm.
Alle Farben sind
zugelassen.

Varietäten. Oben, von links nach rechts: Rehfarben, Braun. Unten, von links nach rechts: Creme, Loh- und Rehfarben.

DACHSHUND

Den Dachshund, Dackel oder Teckel gibt es als Standard-, Zwerg- oder Kaninchenteckel sowie als Kurzhaar-, Rauhhaar- oder Langhaarschlag. Die Bezeichnung »Dachshund« geht auf die frühere Verwendung dieser Rasse in ihrer deutschen Heimat zurück. Für die anstrengende Baujagd wurde ein niederläufiger, mutiger Hund mit ausgeprägtem Spürsinn benötigt. Als versierter Erdarbeiter erweist sich mancher Dackel zum Leidwesen seines Besitzers aber auch im heimischen Garten.

Der überaus anhängliche und im allgemeinen kinderliebe Teckel ist ein ausgezeichneter Begleit- und Wachhund, der sich nicht unbedingt gleich mit jedem Fremden anfreundet. Für seine Größe verfügt er über eine gewaltige Stimmkraft. Häufiges Treppensteigen und Springen auf Sitzmöbel sollten am besten weitgehend vermieden werden, um der gefürchteten Dackellähme zu begegnen.

Links: Der Rauhhaarteckel entstand durch Einkreuzen von Dandie Dinmont Terrier und Zwergschnauzer.

Unten: Der Langhaarteckel entstand durch Einkreuzen langhaariger Wachtelhunde.

Der Dachshund stammt von den ältesten deutschen Jagdhundrassen wie etwa dem Biberhund ab und ist mindestens seit dem 16. Jahrhundert sicher bezeugt. Bei der Gründung des Deutschen Teckelclubs im Jahr 1888 kannte man allein den Kurzhaardackel. Die damals charakteristischen faltigen Pfoten sind inzwischen nahezu verschwunden. Der Rauhhaardackel entstand durch Einkreuzen von Dandie Dinmont und anderen Terriern, der Langhaar durch Kreuzen des Kurzhaar mit langhaarigen Wachtelhunden.

Reine Farben werden bevorzugt. Große Platten sind unerwünscht, so auch Weiß (allenfalls ein kleiner, weißer Brustfleck ist erlaubt). Beliebte Farben sind Rot, Schwarz und Grau.

Das Idealgewicht des Standardteckels beträgt etwa 9 bis 12 kg, das des Zwergteckels 4,5 kg.

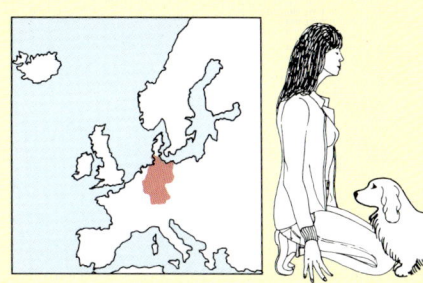

KURZINFO

Charakter: Intelligent, lebhaft, mutig, anhänglich, wenn auch etwas eigensinnig.
Bewegung: Häufige kurze Spaziergänge empfohlen.
Pflege: Mit Hilfe von Hundehandschuh und weicher Bürste. Beim Langhaar und Rauhhaar auch mit härterer Bürste und Kamm.
Futtermenge: Etwa 1/2 Dose (à 400 g) Markenfleischnahrung für den Zwergteckel und maximal 3/4 bis 1 Dose für den Standardteckel, plus Biskuits in gleicher Menge (Volumen).
Lebenserwartung: Bisweilen mehr als zehn Jahre.
Fehler: Zu starke Behaarung der Pfoten. Afterkralle.

Varietäten (von links nach rechts): Schwarz mit gelben Abzeichen, Rot, Braun, Biberfarben.

Kurzhaarteckel

GREYHOUND

Urteilt man nach den überlieferten Ritzzeichnungen und Malereien, so hat sich der Greyhound seit den Zeiten der alten Ägypter offenbar kaum verändert. Er zählt zu den ersten Hunderassen, die vom Menschen für die Jagd abgerichtet wurden und war im Mittelalter ein vom Adel geschätzter Hirschjäger.

   Obwohl der Greyhound heute vornehmlich als Begleit- und Ausstellungshund gezüchtet wird, assoziiert man ihn speziell in England vor allem mit Windhundrennen. Traurig ist jedoch, daß diese äußerst ge-

Der Pharaonenhund, ein direkter Vorfahr des Greyhound, verkörpert die älteste bekannte Haushundrasse.

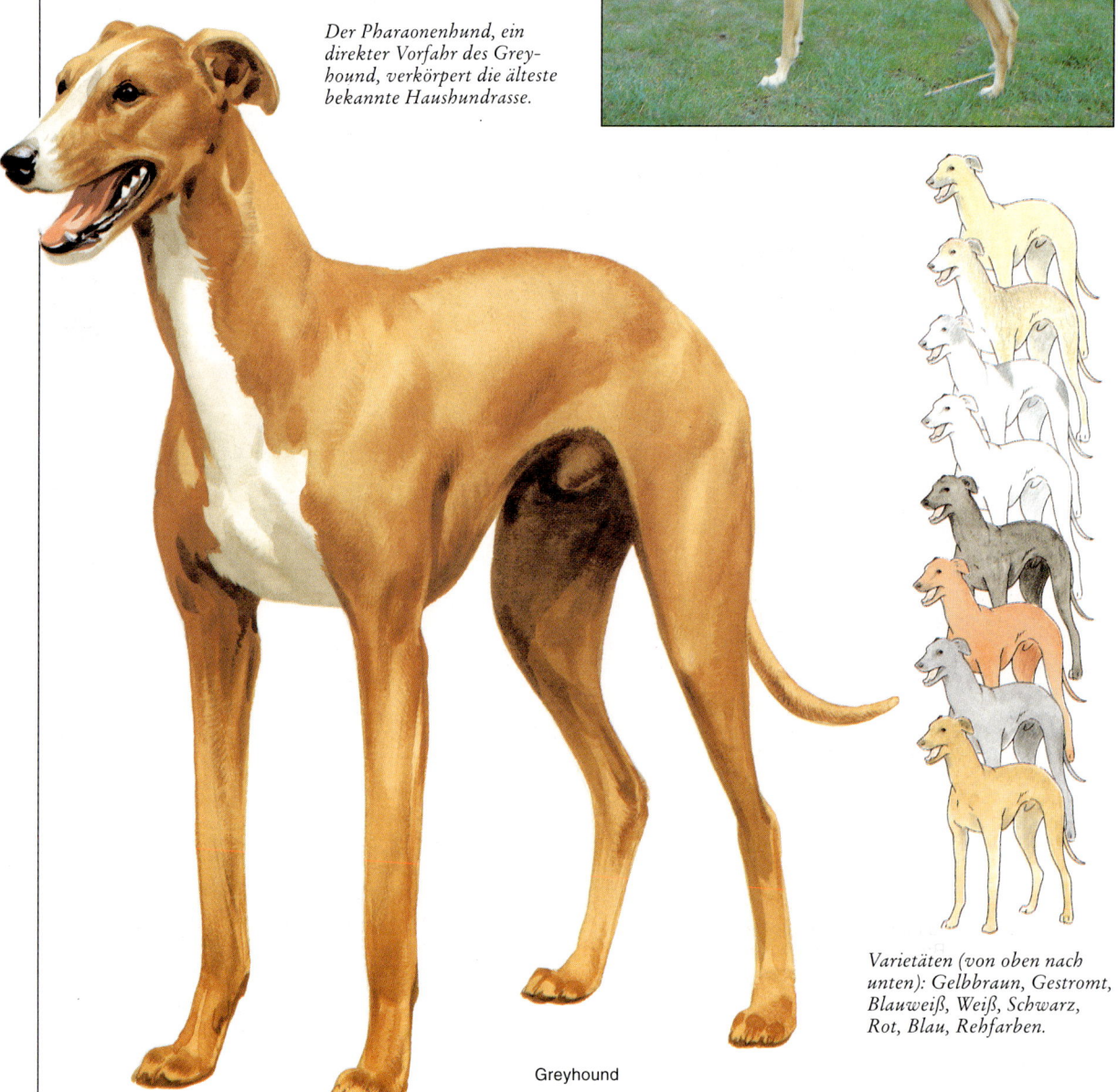

Varietäten (von oben nach unten): Gelbbraun, Gestromt, Blauweiß, Weiß, Schwarz, Rot, Blau, Rehfarben.

Greyhound

Links: Der intelligente Saluki ist wie der Pharaonenhund und der Greyhound eine sehr traditionsreiche Rasse von Hunden, die auf Sicht und nicht mit der Nase jagen.

Unten: Aus dem Rennbetrieb ausgeschiedene Greyhounds geben gute Haushunde ab. Nach einer Zeit der Umgewöhnung benötigen sie nicht einmal viel Bewegung.

KURZINFO

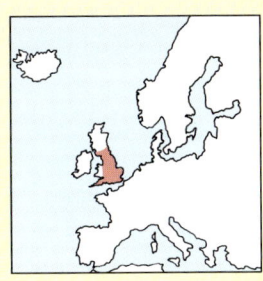

Charakter: Bemerkenswerte Zähigkeit und Ausdauer. Loyaler, gutmütiger Begleithund.

Bewegung: Regelmäßige, nicht übermäßig lange Spaziergänge reichen aus. Ehemalige Rennhunde müssen »entwöhnt« werden, da sie sonst auf alles Jagd machen, was sich bewegt. An belebten Orten oder in der Nähe von Viehweiden vor allem einen solchen Greyhound niemals von der Leine lassen.

Pflege: Tägliches Abreiben mit einem Handschuh.

Futtermenge: 1 1/2 bis 2 1/2 Dosen (à 400 g) Markenfleischnahrung plus Biskuits in gleicher Menge (Volumen). Greyhounds sind an ein vergleichsweise breiiges Futter gewöhnt. Sie mögen zum Frühstück eine dicke Scheibe dunkles Brot, die in etwas Milch gekrümelt wird, und zur Schlafenszeit wiederum Milch mit einigen Hundebiskuits (die überhaupt von den meisten Hunden als »Betthupferl« geschätzt werden).

Lebenserwartung: Als Begleithund hohes Alter.

Fehler: Tendiert zu Rheumatismus und Arthritis.

lehrigen Tiere nach Ausklang oder vorzeitigem Abbruch ihrer Rennkarriere nicht selten in Versuchslabors oder Tierheimen enden. Bei der Anschaffung eines großen Hundes könnte durchaus ein solcher Hund in Betracht kommen, der nach einer gewissen »Trainingsabstinenz« zu einem ausgezeichneten Haushund werden kann und für seine Größe nicht einmal übermäßig viel Platz benötigt, da er sich mit einem bequemen Polster in einer Zimmerecke bescheidet.

Farben sind: Schwarz, Weiß, Rot, Blau, Gelbbraun, Rehfarben sowie Gestromt oder eine dieser Farben mit weißen Abzeichen. Ein Gewichtsstandard besteht nicht. Die ideale Schulterhöhe beträgt 71 bis 76 cm (Rüde) bzw. 68 bis 71 cm (Hündin). Wer daran interessiert ist, einem »pensionierten« Greyhound ein neues Zuhause zu bieten, kann in einigen europäischen Ländern bei Rennvereinen fündig werden.

REGISTER